**Im Tal von Vils
und Lauterach**

An dieser Stelle möchte ich den Piloten für ihre fliegerische Geduld danken, die diese stattliche Sammlung von Luftbildaufnahmen ermöglichte, von denen dieses Buch sehr profitiert hat. Desgleichen gilt mein Dank den Heimatpflegern der Region für zahlreiche anregende und hilfreiche Gespräche, des weiteren Herrn Dr. Zitzelsberger, der mit seinen 95 Lebensjahren ein äußerst versierter Kenner der Wittelsbacher Geschichte ist, sowie dem Wasserwirtschaftsamt Amberg. Schließlich ist die kritische und geduldige Zusammenarbeit des Pustet-Verlags mit großer Anerkennung hervorzuheben, die dieses Buch Wirklichkeit werden ließ.

Viel Freude beim Durchblättern und natürlich beim Lesen!

Parsberg, im März 2001

Franz Bogner

Von der Vilsquelle bis zur Mündung

Ein Überblick des Einzugsgebiets

Flüsse sind biologische Schlagadern eines Landes. In der Geschichte wurden sie sehr oft auch zu wirtschaftlichen Schlagadern, als man begann, Ortschaften an ihren Ufern zu gründen. Solche Siedlungsorte hatten unbestreitbare Vorteile: Trink- und Brauchwasser waren immer vorhanden, regelmäßiger Fischfang bot eine feste Nahrungsgrundlage, Abfälle ließen sich leicht beseitigen und der Wasserweg ermöglichte die Beförderung von Handelsgut. Flussläufe waren früher verlässliche überregionale Transport- und Reisewege, während Landstraßen oder Wege sich oft in einem erbärmlichen Zustand befanden oder im Schlamm versanken. Angesichts des heute dichten und weit verzweigten asphaltierten Straßennetzes ist es uns nicht mehr gegenwärtig, dass Flüsse mangels gut befestigter Wege einmal das einfachste und dauerhafteste »Straßennetz« darstellten und meist die sicherste Verbindung zur übrigen Welt gewesen sein sollen. In heutiger Zeit einem Fluss von der Quelle bis zur Mündung zu folgen, eröffnet für die meisten eher »ungewohnte« Sichtweisen, wie z. B. die Vogelperspektive.

Die Vils war über Jahrhunderte hinweg die »Wasser- und Eisenstraße« der Region.

Die Vils entspringt in einer kräftigen Quelle mitten im Ort Kleinschönbrunn.

Besonders im Falle Ambergs ist die Bedeutung der Flusslage offensichtlich, da bereits 1034 die Stadt in einer kaiserlichen Urkunde mit bestimmten Rechten – Markt, Zoll, und eben auch Schifffahrt – belehnt wird. Jahrhundertelang war die Vils Schifffahrtsstraße, was heute angesichts des schmalen und seichten Flusses verwundert. Früher scheint die Vils jedoch breiter gewesen zu sein und einen höheren Wasserstand gehabt zu haben, da an der Amberger »Stadtbrille« die Aussparungen für das Schiffsgatter über dem heutigen Wasserspiegel liegen. Über mögliche Gründe der geringeren Wasserführung kann nur spekuliert werden, obwohl großflächige Rodungen am Oberlauf der Vils durchaus eine plausible Erklärung wären. Der Wasserspeicher einer flächendeckenden Bewaldung wäre nicht vorhanden gewesen und das Niederschlagswasser wäre nicht mehr gleichmäßig übers Jahr verteilt an den Fluss abgegeben worden. Geröllverschüttungen im Flusslauf scheinen diese Ansicht ebenso zu stützen wie die Klagen der Schiffsleute, die bereits im 16. Jahrhundert ihre Schiffe nicht mehr so schwer beladen konnten.

Die Vils musste im Mittelalter zunehmend durch so genannte »Fälle« künstlich gestaut werden, um einerseits den Wasserstand für die Schifffahrt (am Wochenende) zu erhöhen und andererseits (wochentags) Hammerwerke und Mühlen betreiben zu können. Den Flussschiffern war nämlich die sonst streng verbotene Sonntagsarbeit erlaubt, damit sie die Zeit des hohen Wasserstands der Vils für ihre Talfahrt nutzen konnten, wenn die Hämmer nicht arbeiten durften. Diese Sondererlaubnis zur Dispens vom sonntäglichen Gottesdienst war allerdings an eine regelmäßige Zahlung in die Kirchenkasse gebunden. Zwischen Amberg und Kallmünz gab es bei gut 33 m natürlichen Gefälles mehrere solcher künstlichen, meist 1,40 m hohen Fälle, um eine Kette von Stauhaltungen zu gewährleisten. Zum Passieren der Schiffe waren die Fallbretter geöffnet worden, um die entstehenden Flutwellen zur Weiterfahrt zu nutzen. Die Schiffsleute dürften bei jeder »Naufahrt« froh gewesen sein, Schmidmühlen erreicht zu haben, wo durch den Zufluss der Lauterach die Vils besser befahrbar wurde. Es ist leicht nachvollziehbar, dass die Schiffe beim Durchfahren der Fälle ständigen Gefahren ausgesetzt waren. Aber auch wenn alles glimpflich ablief, betrug die normale Lebensdauer der 24 m langen und 3,3 m breiten Vilsschiffe meist nur drei Jahre, obwohl sie am Bug mit Blechen geschützt waren.

Die Vils berührt mit ihrem Einzugsgebiet von knapp 1100 km² wie fast alle anderen Oberpfälzer Flüsse die europäische Wasserscheide zwischen Nordsee (Main/Rhein) und Schwarzem Meer (Donau) und entwässert in die »Oberpfälzer Schüssel«, die sich bei Regensburg zur Donau hin öffnet. Auf ihrem Weg zur Donau mündet die Vils bei Kallmünz in die Naab. Den größten Teil des Vilseinzugsgebiets decken viele Nebenflüsse ab, die hauptsächlich oberhalb Ambergs hinzukommen; die Vils selbst entwässert »nur« rund $^1/_6$ davon. Knapp die Hälfte des Einzugsgebietes ist landwirtschaftlich genutzt, rund 40 % sind bewaldet und 8 % verbaut, ohne die beiden Truppenübungsplätze Grafenwöhr und Hohenfels in diese Landnutzungsrechnung einzubeziehen. Welch große Bedeutung die Vils für die Region hat, zeigt heute allein die jährliche Grundwasserentnahme in Höhe von rund 10 Millionen m³.

Einsilbige (vorgermanische) Flussnamen wie Vils, Naab oder Sulz werden gerne auch als Indiz dafür genommen, dass sich keltische und germanische Siedlungszeiten friedlich überlappt haben, da alte Namen übernommen worden waren. »Vils« könnte schlicht und einfach »Fluss« bedeuten. Nicht zu verwechseln ist die oberpfälzische Vils (87 km) mit den beiden südbayerischen Namensvettern, der Kleinen Vils (37 km) und der Großen Vils (122 km). Die Vils der Oberpfalz wird wohl jeder Einheimische an ihrem unverwechselbaren, geradezu geometrischen Lauf identifizieren können: Sie entspringt mitten im Ort Kleinschönbrunn, fließt zunächst in die »falsche« Richtung geradewegs nach Norden, dreht bei Freihung im linken Winkel nach Westen und schwenkt endgültig kurz vor Vilseck stark nach Süden. Die Landkarte »*Palatinatus Bavariae*« aus dem Jahre 1624 hatte noch die heutige Frankenohe als Quellbach angegeben, so dass die beiden heute typischen, rechteckigen Laufänderungen fehlen. Auch gut 150 Jahre später konnte man noch Folgendes lesen: »*Vils, Fluß in der Obern Pfalz, entspringt in der Gegend der Stadt Auerbach, und vereinigt sich bei Kallmünz mit der Naab*« (siehe auch historische Karte S. 17); oder aus dem Jahre 1832: »*Vilseck liegt am Ursprunge der Vils aus dem Stadtweiher, in welchen sich die Frankenohe ergießt*« (siehe auch Vilseck). Streng genommen käme für die Vils auch noch ein

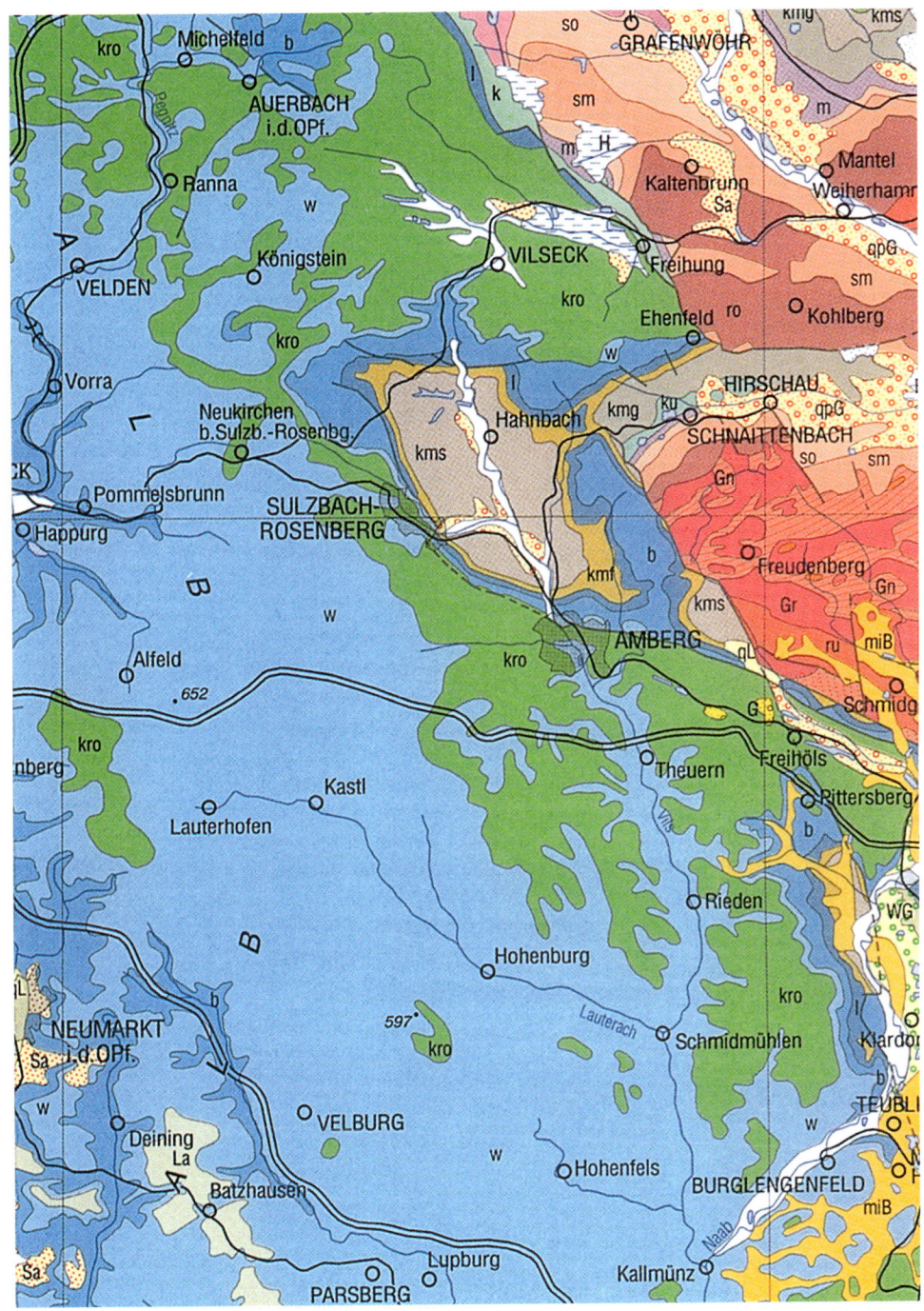

schen Wald hatte. Dieses Urgebirge ist eine geologische Barriere und auch für den ungewöhnlichen Streckenverlauf des Flusses mitverantwortlich. Dieses Variskische Gebirge war vor 320 Millionen Jahren beim Zusammenstoßen der beiden Kontinentalplatten »Ureuropas« und »Urafrikas« entstanden und hatte wohl Dimensionen des Himalaya-Massivs. In den nachfolgenden Jahrmillionen durch Erosion immer mehr zu einem Rumpfgebirge abgetragen, hatten erneute geologische Aktivitäten im Zusammenhang mit der Alpenauffaltung das gesamte Gebiet wieder angehoben und dabei die geologischen Schichten wie Eisschollen auseinandergebrochen, zerstückelt, verkantet und ineinander verschoben. Diese Ereignisse spiegeln sich auch in der Namensgebung des Bruchschollenlandes bzw. Schollenbruchlandes wider. Als bekanntestes Beispiel einer solchen Bruchspalte kann heute der so genannte Pfahl gelten, der sich rund 150 km schräg durch Ostbayern zieht. Dieses Spaltensystem hatte sich immer wieder mit silikathaltigem Wasser gefüllt, aus dem nach und nach eingetrübter Quarz auskristallisiert war. Fortlaufende Erosionsprozesse hatten zudem gewaltige Sedimentschichten geschaffen, die etwa im Raum Weiden eine Mächtigkeit von rund 1400 m erreichen.

Im Hahnbacher Becken sind die ursprünglich vorhandenen Juraschichten bereits soweit abgetragen, dass der darunter liegende (ältere) Sandstein-Keuper angeschnitten ist. Diese Sedimentschicht liegt normalerweise in größeren Tiefen und kommt aufgrund der schrägen Schichtung erst viel weiter im Westen, zwischen Nürnberg und Ansbach, an der Oberfläche zu liegen. Durch diese geologische Anomalie finden sich zwischen Hahnbach und Vilseck auf kürzester Distanz verschiedene Sedimentschichten von der Oberkreide über die drei Juraschichten bis zum Keuper angeschnitten, so dass geologische Daten gleichsam wie in einem aufgeschlagenen Buch (ab-)gelesen werden können. Die einzelnen Sedimentschichten kann man sich dem Bergstock des variskischen Urgebirges aufgesetzt vorstellen. Bohrungen im Albbereich trafen jedenfalls in unterschiedlicher Tiefe auf Granit, je nachdem, wie weit westlich im Jura solche Bohrungen niedergebracht wurden. Die heutigen Gesteine der Alb waren als Schlammablagerungen im einstigen flachen Jurameer entstanden und hatten sich in den Jahrmillionen danach zu Gestein verfestigt; die einzelnen Schichtungen sind in Steinbrüchen immer gut zu sehen. Der Name »Alb« könnte zwei Namenspaten haben: einerseits die alte keltische Bezeichnung für »hoch«, andererseits die Abänderung der lateinischen *»Montes albi«* (weiße Berge). Beides würde Sinn machen. Die weißen Jurasteine sollen auch zum Namen der Pfalz beigetragen haben: Nach der Erschaffung der Welt habe niemand das steinige Land haben wollen und sogar der Teufel habe es mit einem verächtlichen *»Phalt's«* abgelehnt.

Die Vils schneidet bei Amberg die Jurasedimente an und fließt in die Jurahügel hinein; da ein Fluss normalerweise genau das Gegenteil macht, nämlich aus einer Hügelkette herausfließt, gehen manche Autoren davon aus, dass zwei ursprünglich verschiedene Flüsse im Laufe der Jahrmillionen zusammenfanden: Die »obere« Vils könnte nämlich zunächst zur Freihölser Senke geflossen sein und zusammen mit dem Fensterbach die Naab erreicht haben; die »untere« Vils wäre demnach ursprünglich ein eigener Albfluss gewesen, der von Süden rückschreitend jedoch irgendwann die »obere« Vils und damit auch das Hahnbacher Becken »angezapft« hätte: Diese Angliederung des Oberlaufs an die »Jura«-Vils erfolgte vermutlich erst im Eiszeitalter. Als Belege hierfür könnten beispielsweise die unterschiedlichen Talformen beider Vilsteile, die diversen Ablagerungen im verhältnismäßig schmalen Albtal, aber auch die komplizierte Geologie des Hahnbacher Beckens gelten.

Das Gebiet des Vilstales wurde mit Ausklang der Kreidezeit endgültig zum Festland. In Anlehnung an die Sedimentschichtung unterscheidet man bei den Kreideschichten zwischen Ober- und Unterkreide und bei den Juraschichten zwischen Unterem, Mittlerem und Oberem Jura, für die sich im süddeutschen Sprachraum aufgrund der vorherrschenden Gesteinsfärbung auch die Namen Schwarzer, Brauner und Weißer Jura eingebürgert haben. Die vorherrschend braune Gesteinsfarbe der mittleren Schicht ist durch fein verteilte Eisenverbindungen verursacht, deren Abbau zu Verhüttungszwecken sich bis vor kurzem noch im Sulzbach-Rosenberger Raum gelohnt hatte. Das Klima der Jurazeit war subtropisch mild und erlaubte einen großen Artenreichtum von Flora und Fauna. Die fossile Hinterlassenschaft des Jura besteht vielmehr hauptsächlich aus marinen Muscheln und Korallen. An den Hängen entlang der »unteren« Vils treten immer wieder dominierende Felspartien auf, die aus dolomitisierten Riffen entstanden sind. Dolomit weist als chemische Sonderform des Kalks eine härtere Struktur auf und ist somit weniger verwitterungsanfällig. Ebenso typisch für diesen (Jura-)Teil des Vils- und Lauerachtales sind die asymmetrischen Talhänge mit einer steileren linken Uferseite. Die Ursache hierfür ist wohl in der letzten Eiszeit zu suchen, als der Frostboden der südlich ausgerichteten Hänge ständig tiefgründiger auftauen konnte und deshalb einer wesentlich stärkeren Erosion ausgesetzt war als auf der schattigeren Talflanke.

Ein wichtiges Kennzeichen des Jura sind die Vorkommen von Eisenerzen, vor allem im Amberger und Sulzbacher Raum. Diese waren in der Unterkreidezeit entstanden, der ersten Epoche nach der Jurazeit, als es zu Hebungen der alten Gebirgsmassen gekommen war und die Lagerstätten verworfen, zerrissen und überschoben worden waren. Abfließende Sedimentgewässer hatten sich damals auf die vorgelagerte Jurahochfläche ergossen und sich in Senkungen angesammelt. Dabei war es in dem kalkigen Milieu zu chemischen Ausfällungen von Brauneisenstein und Spateneisenstein gekommen, in denen sich hochwertiges Eisenerz mit einem Gehalt von 30–40 % Eisen hatte bilden können. Bei günstigen Talgegebenheiten konnte die Erzformation beachtliche Ausmaße annehmen und, wie etwa im Bereich Ambergs, bis zu 60 m mächtig werden. In der nachfolgenden Epoche war es dann schließlich zur sedimentären Überdeckung dieser Lagerstätten gekommen. Typisch für die Region ist dabei einerseits aufgrund der geologischen Entstehungsgeschichte der schwierige bergmännische Abbau des Erzes, andererseits der relativ hohe Phosphatgehalt, der als Abfallprodukt über Jahrzehnte hinweg unter dem Namen »Thomasmehl« als Dünger an die Landwirtschaft verkauft wurde (siehe Sulzbach).

Die verwickelte Geschichte des Vilstales

Flüsse verbinden, Flüsse trennen: Die gesamte Oberpfalz hätte mit ihren strahlenförmig gegen Regensburg verlaufenden Flüssen beste geographische Voraussetzungen für eine einheitliche geschichtliche Entwicklung gehabt, war jedoch aus politischer Sicht über viele Jahrhunderte hinweg in mehrere Staatsgebiete aufgeteilt. Erst vor zwei Jahrhunderten war im Vilstal das eingetreten, was heute in europäischen Dimensionen geschieht: Politische Grenzen vergingen, Flüsse blieben. Die Vils mitsamt ihren Nebenflüssen hatte zum Beispiel noch im Jahre 1700 folgende Herrschaftsgebiete durchflossen: Zunächst entsprang sie in der bayerischen Oberpfalz, streifte bei Freihung die Pfalz-Sulzbach, trat bei Vilseck in das Herrschaftsgebiet des Bistums Bamberg ein, um dann wieder auf bayerisches Gebiet zurückzukehren. Bei Vilshofen begann schließlich das jung-pfälzische Gebiet. Der Rosenbach brachte Wasser aus dem Fürstentum Sulzbach und die Lauterach kreuzte das Hohenburger Gebiet, das über Jahrhunderte hinweg dem Regensburger Hochstift gehörte. Wie viele Menschen könnten heute ohne historische Landkarten auf Anhieb die Grenzverläufe bestimmen?

Das Vilstal war besitzrechtlich bereits zersplittert, als im Jahre 1180 Kaiser Friedrich Barbarossa das Herzogtum Bayern an Pfalzgraf Otto von Wittelsbach zum Lehen gegeben hatte. Die Wittelsbacher konnten jedoch schnell ihren Landbesitz vervielfachen, indem mächtige Adelsgeschlechter beerbt wurden: die Andechser, die Bogener, von denen sie sogar das Rautenwappen übernahmen, die Diepoldinger und schließlich die Staufer. Die Gründe für die Sonderentwicklung im Vilstal waren vielfältig und lagen auch in den internen Streitigkeiten der Wittelsbacher begründet: Rudolf von der Pfalz hatte beispielsweise seinem Bruder Ludwig bei der Kaiserwahl die Kurstimme verwehrt; bald darauf arrangierte man sich schließlich und schloss am 4. August 1329 in Pavia einen Teilungsvertrag: »*Wir Ludowig von Gots gnaden Römischer cheiser ze allen zeiten merer des richs verjehen … daz wir … unser lant bi dem rein, ze Baiern, ze Swaben und ze Österrich freuntlich und lieplich getailt haben mit unseren lieben vettern Rudolfen, Ruprechten und Ruprechten pfalzgraven bi dem rein*«. Aus dem nordgauischen Besitz der Wittelsbacher wurde damit ein rheinpfälzisches Nebenland, das »Land in Baiern«, die »Pfalz in Baiern« und schließlich die »Obere Pfalz«, da dieses Gebiet geographisch gesehen höher als die »eigentliche« Pfalz im Rheingebiet gelegen war. Diese Oberpfalz, die ursprünglich im Norden bis ins Main-Eger-Gebiet reichte, wurde

Kurfürstlich-bayerisch

Fürstbischof von Bamberg

Herzogtum Sulzbach

Herzogtum Junge Pfalz

Fürstbischof von Regensburg

Friedensschluss von 1648 hinaus hatte retten können; denn die neu gewonnene Oberpfalz war verwüstet, die Bevölkerung stark dezimiert und unendlich viele Hofstellen waren verwaist. Nach dem Dreißigjährigen Krieg erholte sich das Land langsam. Auch wenn es in dem Jahrhundert danach immer wieder zu neuen Kriegen (meist um Erbfolgen) kam, entstanden doch bedeutende barocke Bauten, da das erwirtschaftete Sozialprodukt nicht mehr so häufig in militärische Aktionen floss. Trotzdem hätte auch das »gemeine Volk« sicherlich gerne einen kleinen Anteil am neuen Reichtum selbst erhalten, statt ihn »verbaut« zu sehen, da die Lebensbedingungen außerhalb der Paläste und Klöster alles andere als gut waren. Schließlich wurden 1777 Altbayern und die Pfalz durch Erbfall (wieder-)vereinigt. Damals hatte erst der so genannte Böhmische Kartoffelkrieg zwischen Österreich und Preußen die weit reichenden österreichischen Forderungen auf Annexion bayerischer Gebiete beseitigt (zeitweise hatte Österreich große Teile Niederbayerns besetzt); schließlich musste Bayern nur das Innviertel an Österreich abtreten. Zwischenzeitlich hatte es allerdings auch einen Tauschplan gegeben: Bayern gegen die habsburgischen Niederlande; Bayern wäre in diesem Fall zu einem Teil Österreichs geworden.

Nach der Säkularisation war nicht nur die Vils von der Quelle bis zur Mündung wittelsbachisch-bayerisch: In ganz Bayern waren 47 Abteien, 17 Propsteien und 101 Klöster verweltlicht worden, ebenso bislang kirchliche Territorien wie Passau, Eichstätt, Augsburg, Freising, Bamberg und Würzburg. Durch Säkularisation und Mediatisierung 1802/03 war Bayern für den Verlust der linksrheinischen Gebiete entschädigt worden, die im Frieden von Lunéville französisch geworden waren. Wenn auch nicht alles neue Land als wirtschaftlicher Gewinn anzusehen war, hatte sich Bayern doch gewaltig vergrößern können. Dies blieb auch so, als Bayern nur wenige Tage vor der Völkerschlacht bei Leipzig (1813) die politische Seite wechselte, also gegen Napoleon ins Feld zog, nachdem Tausende junger Bayern im russischen Feldzug einen sinnlosen Tod hatten sterben müssen. Die Neuordnung der großen Landkarte unter der Ägide von Graf Montgelas geschah zunächst nach dem französischen Vorbild durch Einteilung der Region in Flusskreise: Es wurden beispielsweise der Naab- und Regenkreis (Großteil der Oberpfalz), der Ober- und Untermainkreis oder Rezatkreis geschaffen; einen Vilskreis hatte es aber nicht gegeben. Zwei Jahrzehnte später verordnete König Ludwig I. die »Wiederherstellung der alten, geschichtlich geheiligten Marken«, darunter die »Oberpfalz und Regensburg«. Welch wichtige Rolle das Vilstal im Laufe der Vergangenheit gespielt hatte, verdeutlicht heutzutage das Oberpfälzer Wappen, das neben dem altbayerischen Rautenmuster und den Regensburger Schlüsseln den pfälzischen Löwen enthält.

Zu Beginn des Eisenbahnzeitalters hatte es diverse Bittschriften an die Regierung gegeben; man wollte die »*Bewohner der in der ganzen Welt als ein deutsches Sibirien verschrienen Provinz zu einem wohlhabenden Fabrik- und Handelsvolk machen*«. Ab 1859 rollte die erste Eisenbahn von Nürnberg über Amberg nach Schwandorf und über Jahre hinweg lag Amberg an der Hauptverbindungstrecke Nürnberg-Regensburg. Der »Vater der bayerischen Eisenbahnen«, Gustav von Schlör, stammte

übrigens aus der Vilsecker Gegend und war an maßgeblicher Stelle für Entscheidungen in Sachen Eisenbahn verantwortlich. Anfang des 20. Jahrhunderts wollte schließlich das untere Vilstal mit einer Eingabe an die Abgeordneten-Kammer nachziehen: »*Unsere Bevölkerung war bisher nur allzu konservativ gewesen, niemals ist sie mit einer Bitte um moderne oder sonstige Vorteile hervorgetreten; jetzt aber sieht sie ein und fühlte am eigenen Leibe, daß die Gegend wirtschaftlich zugrunde geht, wenn sie nicht dem allgemeinen Verkehr angegliedert wird.*« Die Vilstalbahn wurde bis Schmidmühlen Wirklichkeit.

Amberg war längst Garnisonsstadt, als im Quellgebiet der Vils ein Truppenübungsplatz zwischen Vilseck und Grafenwöhr ausgewiesen wurde. Der bayerische Prinzregent Luitpold hatte es sich 1908 nicht nehmen lassen, diesen Truppenübungsplatz persönlich zu eröffnen.

Nicht einmal dreißig Jahre später wurden erneut Menschen »umgesiedelt« und zwischen Hohenburg und Hohenfels ein zweites militärisches Sperrgebiet geschaffen. Wieder war ein aus landwirtschaftlicher Sicht unrentables Land ausgesucht worden (siehe Hohenfels); in einem Bericht des Jahres 1939 hatte es geheißen: »*Das Vieh ist klein, abgemagert und abgearbeitet. Die Bewohner, Vieh und Gegend machen einen trostlosen Eindruck.*« Nach 1945 hatten Rückkehrer und Flüchtlinge jedoch erneut begonnen, das Land um Hohenfels unter den Pflug zu nehmen. Niemand hätte sich zu dieser Zeit träumen lassen, dass schon im Jahr 1951 erneut ein Truppenübungsplatz um Hohenfels, diesmal für die US-Streitkräfte, eingerichtet und flächenmäßig nahezu verdoppelt würde. Von weiteren 6000 ha Land mussten die alteingesessenen Anwohner vertrieben werden.

Städte, Märkte und Dörfer entlang der Vils

Massenricht – eine typische Rodungsansiedlung

Im Jahr 1366 hat es neben »*Melsenreuth*« bereits alle weiteren Orte der Umgebung gegeben; manche Ortsnamen von damals existieren heute allerdings nur mehr als Flurnamen (zum Beispiel Pimpach). Das Grundwort »*reuth*« lässt auf eine Rodungssiedlung schließen, da dem Wald abgerungene Flächen häufig »*Gereuth*« oder »*riuti*« (also gerodetes Land) genannt wurden. Auch der Name des Weilers Rödlas bei Massenricht deutet auf einen solchen Rodungsursprung hin. Zur Gründungszeit beider Orte musste ein großer Landbedarf bestanden haben, da auch landwirtschaftlich weniger geeignete Nordhänge gerodet wurden, beispielsweise die gesamte Flanke des 587 m hohen Berges mit dem Weiler Rödlas. Dieser Rödlaser Berg stellt gleichzeitig eine Wasserscheide zwischen Vils und Naab dar, da das Regenwasser über Massenricht zur Vils oder über Obersteinbach zur (Haide-)Naab fließen kann. Es darf angenommen werden, dass auch Rödlas wohl noch vor der ersten großen Pestwelle 1348/49 gegründet worden war, als landesweit innerhalb weniger Monate sämtliche Kolonisationserfolge zunichte gemacht wurden; der Grund hierfür war die neue Massenseuche des Schwarzen Todes, die oft innerhalb weniger Tage ganze Landstriche entvölkerte. Hatte vor ihrem Auftreten ein ständiger Bevölkerungsdruck zur so genannten inneren und äußeren Kolonisation geführt, so war danach oft nur weniger als die Hälfte der Gesamtbevölkerung übrig geblieben.

Gerichtsakten und ein Schwedenmarterl im Dorf zeugen auch von schweren

Der historische Kern von Vilseck mit seiner dichten Bebauung zeigt noch heute die Ausdehnung des Ortes in früheren Zeiten.

Im Norden von Massenricht breitet sich ein ehemaliges Sumpfgebiet mit dem Flurnamen »Vils« aus. Es wurde erst vor rund 70 Jahren trockengelegt und wird seither landwirtschaftlich genutzt.

23

Heimsuchungen im Dreißigjährigen Krieg. Am 30. April 1637 kamen kaiserliche Soldaten plündernd in den Ort; obwohl sie von der »eigenen« Seite waren, drohten sie dem Bürgermeister, »*ihn zu brennen und klammern, dass die Nägel von den Fingern gehen sollten*«. Bürger der umliegenden Orte konnten jedoch rechtzeitig zu Hilfe kommen und die Soldaten festsetzen. Nach Amberg verbracht, musste der Leutnant, Georg von Geltenwigk mit Namen, alles Diebesgut wieder herausgeben. Allerdings wurde nur ein Feldwebel als Rädelsführer benannt und bestraft.

Aus den Kirchenunterlagen des Ortes lassen sich heute noch die damaligen Finanzierungsquellen ermitteln. In einer Aufstellung des Jahres 1842 musste zum Beispiel der Ortsteil Rödlas jeweils das zehnte Tier der Lämmer, Gänse, Enten, Hühner und Schweine abliefern. In anderen Ortsteilen war dieser Zehnt auf den Grundzins fixiert. Weitere Unterscheidungen waren Groß- und Kleinzehnte; Ersterer erstreckte sich auf »*Waitz, Korn, Gerste und Haber*«, Letzterer auf »*Flachs, Kraut, Erdäpfel, Dorschen und Brachrüben*«. Erst mit der endgültigen Bauernbefreiung im Jahre 1848 wurden diese gewaltigen Belastungen aufgehoben. Die »gute alte« Zeit war also vor allem eine harte Zeit gewesen, wenn man den geringen Ernteertrag auf oft kargen Böden, die Abgaben an den Grundherrn und die Dreifelderwirtschaft bedenkt, die wegen der Brache jährlich ein Drittel der Anbauflächen ausfallen ließ.

Der Bau der Rödlaser Kapelle beruht auf einem Gelübde, das ein Sohn des angrenzenden Hofes in den letzten Kriegswochen des Jahres 1945 ablegte. Zusammen mit drei weiteren Soldaten hatte er dem sinnlosen Krieg den Rücken gekehrt und war von der Westfront in Norddeutschland desertiert. Allen vier war es tatsächlich gelungen, in nur neun Tagen den gesamten Weg nach Süddeutschland zurückzulegen, ohne einem der zahlreichen Fangkommandos der Wehrmacht in die Hände zu fallen. 17 lange Tage versteckte sich der Bauernjunge auf dem elterlichen Hof, eine äußerst gefährliche Situation, da auf dem Anwesen SS-Soldaten einquartiert waren und dem Ort ein linientreuer Bürgermeister vorstand. Wäre der desertierte Soldat entdeckt worden, hätte dies die Exekution der gesamten Familie zur Folge gehabt; nicht einmal die minderjährige Schwester hatte daher die Anwesenheit des erwachsenen Bruders ahnen dürfen. Aus dieser lebensbedrohenden Lage wurde der junge Mann erst am 22. April 1945 durch den Einmarsch der Alliierten gerettet; nur Stunden vorher hatte die SS den Ort aufgegeben und sich weiter in Richtung Süden abgesetzt. Die glückliche Rettung ließ den jungen Mann sein Gott gegebenes Versprechen einlösen: Er stiftete die Kapelle und trat ins Kloster ein.

Freihung – Freiheiten für Bergleute

Der »*Bergflecken auf der Freyhung*« war seit Mitte des letzten Jahrtausends ein Ort des Bleibergbaus, was auch zur Namensgebung der Ortschaft beigetragen haben dürfte. Welche Bedeutung der Bergbau für Freihung hatte, zeigt das Ortswappen mit seinen gekreuzten Hämmern, das 1569 der »*ganzen Gemein und Knappschaft des Bergfleckens auf der Freihung*« gewährt wor-

Der Weiler Rödlas mit seinen drei Höfen liegt direkt an der Wasserscheide zwischen Vils und Haidenaab.

Freihung war für eine lange Epoche ein Ort des Bergbaus, die damit verbundenen Vergünstigungen haben sogar den Ortsnamen geprägt.

den war. Der Abbau der sedimentären Bleierze war mit Freiheiten verbunden: So brauchte vier Jahre lang kein Zehent gegeben werden; alles, *»was an Bergwerksgeräten und Lebensbedürfnissen am Bergort gebraucht wurde«*, war vom Zoll befreit; *»allen im Bergbau Tätigen waren Zins, Steuer, Fron, Umgeld auf Getränke und Kriegsdienst außerhalb der Landesgrenzen erlassen«*; *»jeder im Bergbau Tätige konnte ohne Abzugssteuer wieder aus dem Bergort fortziehen«* usw.! Die Begünstigungen waren also recht beachtlich und rechtfertigen den Ortsnamen, der aus verschiedenen Bezeichnungen wie *»auf der Freistatt«* oder *»Bergfreihung«* hervorgegangen ist.

Der Bleigehalt der erzführenden Horizonte, der aus der Verwitterung des kristallinen Grundgebirges im Osten stammt, schwankt außerordentlich stark; auf der Verwerfungsspalte der »Freihunger Störung« hatte zirkulierendes Grundwasser den Bleigehalt offensichtlich örtlich unterschiedlich angereichert. Manche Flurnamen weisen in die Zeit des aktiven Bleibergbaus. Blei war zu fast allen Zeiten ein wichtiges Metall gewesen. Ob man sich der gesundheitlichen Folgen des Kontakts mit dem Blei bewußt war, wissen wir nicht: Heute sind die gesundheitsschädlichen, lebensverkürzenden Folgen einer Bleivergiftung allseits bekannt, die sich in Lähmungen, Blutarmut und Mattigkeit äußert. Im Raum Freihung kommen darüber hinaus Kaolinfeldspatsande vor, deren Kaolinitgehalt allerdings geringer als in der Hirschauer Senke ist. Kaolin ist ein begehrter Rohstoff in der Porzellan-, Steingut- und Papierindustrie; es ist aus Ver-

Die Vils hat über die Jahrhunderte hinweg Mühlenräder angetrieben. Die Schallermühle bei Freihung ist ein Beispiel dafür.

witterungen des Variskischen Gebirges entstanden. Heute werden die hochwertigen Quarzlagerstätten abgebaut und alte Haldenbestände aufbereitet; der Sand bietet aufgrund der Feinheit, des geringen Schlämmstoffgehalts und der Gleichmäßigkeit des Materials viele Einsatzmöglichkeiten und ist vor allem auch für die Flachglasproduktion im nahen Weiherhammer geeignet.

Freihung hatte lange Zeit unter einer ungünstigen politischen Grenzlage zu leiden, indem der Ort zwischen dem kurpfälzischen Amt Hirschau sowie dem bambergischen Amt Vilseck eingezwängt war. Daher war der Feldbau *»wegen anstoßender Grenzen ganz schmal und unbedeutend«*. Auch die Viehzucht brachte ständig Probleme, *»weil alle Jahre mehrere Stück Vieh verderben, welches die Einwohner dem Schlamm von der verfallenen Bleizeche zuschreiben«*. Freihung war Teil des wittelsbachischen Herzogtums Sulzbach und gehörte verwaltungstechnisch zum Gemeinschaftsamt Parkstein-Weiden. Gerade dieses Gemeinschaftsamt stand seit dem 15. Jahrhundert unter zweifacher Landeshoheit und es war nur vereinbart, dass *»bei einem Verkauf … des einen Halbparts des Kondominiums jeweils dem anderen auf eine Frist von einem halben Jahr dieser Anteil zum Vorkauf angeboten«* wurde. Dies ging über mehrere Jahrhunderte so, bis 1714 *»beide Halbscheide«* unter der Oberhoheit Sulzbachs vereinigt wurden.

Vilseck – der Ort mit dem vieldeutigen Namen

»*Vilsekke*« könnte seinen Namen von der Burg ableiten, da der Zusatz »Eck« zur Gründungszeit eine gängige Bezeichnung für Burg war. Vilseck war demnach der Name für die Burg an der Vils. Allerdings würde der Name Eck auch im heutigen Sprachgebrauch noch Sinn machen, da die Vils im Ortsbereich ein deutliches »Eck« bildet und im rechten Winkel vom westlichen zum südlichen Verlauf einschwenkt; trotz dieser unkorrekten sprachlichen Ableitung dürfte manchem aus der Schulzeit noch der Reim geläufig sein: »Bei Vilseck macht die Vils ein Eck«. Das »Eck« im Namen Vilseck könnte schließlich noch eine weitere Bedeutung haben, indem es für den Anfang der Vils stehen könnte. Ein Hauseck galt früher als Anfang einer Hauswand und das Eck im Ortsnamen könnte daher auch den Vilsursprung verdeutlicht haben; bis ins vorige Jahrhundert galt nämlich der Austritt aus dem Stadtweiher als Vilsursprung. Alle Zuflüsse zu diesem Weiher hatten demnach Quellflusscharakter, deren Hauptzubringer die Frankenohe gewesen wäre. Dieser Stadtweiher war im 15. Jahrhundert angelegt und erst im Oktober 1926 endgültig aufgelassen worden. In einem Reisebericht des Jahres 1765 steht denn auch zu lesen: *»Vilß, ein nicht gar grosser Fluß, entspringt zu Vilseck, einem Städtlein im Bischoffthum Bamberg, hart an der Ober-Pfältzischen-Gräntzen und durchströmt die Obere Pfalz und fließet bei Kallmünz in die Nab.«* Ein Flussursprung in einem Weiher ist zwar nicht häufig, jedoch etwa auch im Falle der Altmühl gegeben.

Die Burg Dagestein direkt am Vilsufer war wohl im Zuge der Grenzsicherung zum slawisch besiedelten Osten und Norden gebaut worden. Zwischen 1008 und 1015 hatte Kaiser Heinrich II. dem Bistum Bamberg das Gebiet um Vilseck übereignet. Danach blieb Vilseck nahezu acht Jahrhunderte lang Bamberger Land. Das

Hahnbach ist durch sein historisches Ortsbild und seine spätgotische Kirche geprägt.

schen Kirchenmusikern. Diese hoffnungsvolle Karriere wurde jedoch schon zwei Jahre später durch seinen frühen Tod 1602 beendet, dessen Ursache nicht bekannt ist.

Der alte ovale Ortskern von Hahnbach war ursprünglich an zwei Seiten von der Vils begrenzt und daher gut geschützt. Wegen seiner Lage an der alten überregionalen Straßenverbindung von Nürnberg nach Prag waren Jahrhunderte hindurch nicht nur friedliche Handeltreibende, sondern auch immer wieder Kriegstruppen durch den Ort gezogen. Durch die zeilenartige Anordnung der Gebäude, die den Marktplatz umschließen, vermittelt sich heute noch ein stadtähnlicher Eindruck. Die Tore zur Fernverbindung Nürnberg – Prag waren früher jeweils mit einem Turm abgeschlossen. Allerdings ist nur mehr das Amberger Tor in seiner ursprünglichen Form erhalten. Das Stadtbild wird von der Kirche St. Jakob geprägt, die zu den bedeutendsten spätgotischen Bauten des Landkreises zählt. Zwei Bauinschriften weisen auf das Jahr 1434 und 1467 hin. Der Westturm wurde erst 1521 ausgeführt.

Angesichts der vielfältigen Abgaben und unvermindert hohen Frondienste dürfte es den Menschen in den Dörfern, Märkten und Städten weitgehend gleichgültig gewesen sein, wessen Untertanen sie gerade waren. Landeskinder wurden zwar nicht – wie zum Beispiel in Hessen – in fremde Armeen verkauft, doch frei waren die wenigsten: Von einem selbst bestimmten Leben und einem bescheidenen Wohlstand oder gar Besitz waren sie meist weit entfernt, da ihnen von Adel und Klerus oft mehr abgepresst wurde als sie erwirtschaften konnten. (Es gibt nur wenige Hinweise auf die Lebensumstände der einfachen Bevölkerung, doch sollten wir sie nicht vergessen, wenn wir die illustren Zeugnisse der Vergangenheit bewundern.)

Amberg – die »festeste« unter den Fürstenstädten

Die Residenzstadt Amberg war über viele Jahrhunderte hinweg die Hauptstadt der »Obern Pfalz« und neben Heidelberg das zweite Zentrum der rheinischen Kurpfalz. Im Mittelalter galt die Stadt als uneinnehmbar: »*München ist die schönst, Leipzig die reichst, und Amberg die festest Fürstenstadt.*« Am Anfang bestand ein Königsgut am Vils-Übergang der wichtigen Fernverbindung von Franken nach Böhmen; die Vils sicherte eine schnelle Verkehrsanbindung nach Regensburg und zur Donau. Amberg war durch Eisenerzhandel und Bergbau zu Wohlstand gekommen. 1163 wurden die Amberger Kaufleute durch den Stauferkaiser Friedrich Barbarossa den Bamberger und Nürnberger Kaufleuten gleichgestellt, wenig später erhielten sie die gleichen Vergünstigungen wie ihre Regensburger Kollegen. Zu erwähnen ist in diesem Zusammenhang die »Große Hammereinigung von 1387«, das älteste Kartellabkommen Deutschlands zwischen Amberg, Sulzbach und 68 Eisenhüttenbesitzern. Dieses erste deutsche Wirtschaftskartell unterstreicht die Bedeutung des »Ruhrgebiets des Mittelalters« und belegt gleichzeitig die nahezu unangefochtene Stellung des Eisenhandels in Süddeutschland, mit dem allenfalls die Steiermark konkurrieren konnte. Amberger Erzmaße waren in dieser Zeit in ganz Deutschland gültig. Gleichzeitig war für lange Zeit die Monopolisierung des Eisenerzabbaus gesichert. Man geht heute davon aus, dass im Jahre 1475 rund 40 000 Menschen in der Eisenbranche arbeiteten und in der Oberpfalz mehr Eisen als damals in England und Frankreich zusammen produziert wurde.

Das kurfürstliche Zeughaus in Amberg, in zwei Bauphasen um 1500 und 1600 errichtet, erfüllte seine Funktion bis zum Jahre 1743. Danach wurde es diversen anderen Aufgaben zugeführt.

Nächste Doppelseite:
Die »Stadtbrille« war früher eine Besonderheit der Amberger Verteidigungsanlagen. Heute ist sie das originelle Wahrzeichen der Stadt.

Der Niedergang der Eisenproduktion hatte sich schon einige Jahrzehnte vor dem Dreißigjährigen Krieg bemerkbar gemacht und wird heute durchaus der einem Kartell gleichkommenden »Großen Hammereinigung« selbst angelastet: »*Die Einführung der neuen Hochofentechnologie wurde in der Oberpfalz durch die zunftmäßige Organisation der alten Hammerbetriebe verhindert, der marktwirtschaftliche Entscheidungskriterien weniger wichtig waren als die aktuelle Versorgung ihrer Mitglieder mit Arbeit.*« Demnach hätten die »Monopolisten« schlichtweg den technologischen Anschluss verpasst und schließlich die internationale Konkurrenzfähigkeit in einem Ausmaß verloren, dass auch bei Senkung der Produktqualität nicht einmal mehr die Herstellungskosten auf den Verkaufspreis umzulegen waren. Als Argument für diese Erklärung mag die Förderleistung vieler Gruben dienen, die schon vor dem Jahre 1600 stark abgesunken war.

Amberg war aufgrund seiner geographischen Lage der »Kopfhafen« der Vilsschifffahrt. Die jahrhundertelang eingesetzten Schiffe hießen Zillen, deren Name auf das slawische »*Cln*« (zilln gesprochen) zurückgeht und mit »Kahn« anschaulich übersetzt sein dürfte. Eine Vilszille hielt gerade einmal drei Jahre, bevor sie abgewrackt werden musste; besonders die Bergfahrten beanspruchten die Fahrzeuge sehr, da sie stellenweise über den Flussgrund gezogen werden mussten. Diese dreijährige Zeitspanne erscheint kurz, und trotzdem wurden Gewinne erzielt. Die Herstellungskosten einer Zille betrugen zwischen 300–350 Gulden; die Hälfte waren Arbeitskosten, ein Drittel der Kosten fiel für Eisenmaterial an, das Bauholz selbst schlug nur mit gut einem Zehntel der Kosten zu Buche. Zusätzlich mussten während des dreijährigen Betriebs rund 30 Gulden für Reparaturen eingeplant werden. Diesen Einstandkosten standen die Transportgewinne gegenüber: Der Gewinn aus dem Salztransport während dieser Zeit belief sich auf rund 30 000 Gulden, der Reingewinn hieraus betrug rund 500

Die Grabplatte des kurfürstlichen Geschützmeisters Martin Merz an der Kirche St. Martin zeugt von Reichtum und Selbstbewusstsein des Verstorbenen.

Die ehemals kurfürstlichen Bauten an der Vils dienen heute allesamt anderen Zwecken; beispielsweise residiert das Landratsamt im Pfalzgrafenschloss.

Der ovale Mauerring um die Altstadt von Amberg ist wie in nur wenigen anderen bayerischen Städten erhalten.

Gulden. Die wenigen Kreuzer Fallgeld, die an die Hammermeister für das Öffnen und Schließen der Fälle zu entrichten waren, fielen dabei kaum ins Gewicht, ebenso wenig die jährliche Salzscheibe zu $1^1/_2$ Zentner, die jedem Fallinhaber zustand. Auf einer vilsabwärts durchgeführten Fahrt konnten zudem 250 Zentner Eisenwaren nach Regensburg (zur Eisenlände) transportiert werden. Alles in allem war die Investition in eine Zille also gut angelegtes Geld, sofern sich kein Unfall auf den rund 40 Fahrten eines Jahres ereignete. Für die »Naufahrt« reichte meist der Sonntag aus, manchmal jedoch wurde auch schon samstags die Abfahrt angesetzt; bei der »Afferfahrt« mussten die Schiffe jedoch in vier Tagesetappen mit Übernachtungsstationen in Etterzhausen, Kallmünz und Ensdorf »getreidelt«, d. h. vom Ufer aus mit Seilen gezogen werden.

Die Altstadt Ambergs gruppiert sich um die St. Martinskirche und ist seit Ludwig dem Bayern mit einem ovalen Mauerring umschlossen. Der Großteil der Türme, Türmchen und Erker ist in seiner Grundsubstanz heute noch erhalten; sie dienten hauptsächlich der Verteidigung über den Wassergraben hinweg. Das Vils- und Ziegeltor, das Wingershofer und das Nabburger Tor stellten die Verbindung nach draußen her. An Letzterem lassen sich noch zwei unterschiedliche Bauabschnitte erkennen: die spitzbogige Durchfahrt mit den beiden halbrunden Flankentürmen aus dem 14. Jahrhundert und die achteckigen Aufbauten zusammen mit dem Torüberbau Ende des 16. Jahrhunderts. Alle Tore wurden im 16. Jahrhundert verstärkt. Die Vils fließt mitten durch die alte Stadt, was die Verteidigung des mittelalterlichen Ortes etwas erschwerte, weil die Stadtmauern am Flussdurchlass zusätzlich zu sichern waren: Dies geschah in Amberg mit der so genannten Stadtbrille, wo die Vils die Umfassungsmauern stadtauswärts durchschneidet. Der Name erklärt sich durch die Wasserspiegelung der zwei Bogenrundungen des Wehrbaus über der Vils; ein drittes Joch war noch vor dem Dreißigjährigen Krieg zugemauert worden. Erst die jüngste Restaurierung hat den wohl ursprünglichen Zustand wiederhergestellt.

Der Marktplatz, der vom Rathaus und der Kirche St. Martin und mehreren stattlichen Bürgerhäusern umgeben ist, gehört ohne Zweifel zu den schönsten in der Oberpfalz. Diese Bauten spiegeln gleichzeitig das Selbstbewusstsein der Bürger wider, die 1450 dem Kurfürsten Friedrich die Huldigung versagten und durch die Bewilligung der Steuern auf jeden Kurfürsten eine gewisse Macht ausüben konnten. Gleichzeitig legen die vielen gotischen Bauwerke Ambergs Zeugnis für die Wirtschaftskraft jener Zeit ab. Das gotische Rathaus mit seinen schlanken Spitzbogenblenden und seiner Renaissancebalustrade gehört daher zweifelsohne zu den schönsten seiner Art in Bayern. St. Martin ist die architektonisch überzeugendste spätgotische Hallenkirche Süddeutschlands und nach dem Regensburger Dom der bedeutendste gotische Kirchenbau der Oberpfalz. Mit dem Kirchenbau direkt am Vilsufer wurde am Urbanstag (25. Mai) 1421 begonnen. Drei Baumeister sind aus der gut hundertjährigen Baugeschichte überliefert, die sich ohne wesentliche Stilbrüche vollzog. Im dreischiffigen Inneren dominiert das auf schlanke, hochschießende Rundpfeiler gesetzte Rippengewölbe. Kurz nach der Fertigstellung der Kirche kam es jedoch zur Katastrophe: Amberg wurde lutherisch und danach calvinistisch. Im so genannten Bildersturm wurde die großzügig ausgestattete Kirche vollständig ausgeräumt, sogar die Wandgemälde wurden abgeschabt (»*dass man die abgerömten Tafl und Bilder verpren und die althör gar vollständig ausbrech*«). Damit die Bilder und Plastiken nicht »*zur Abgötterey reitzten*«, wurden sehr viele Zeugnisse gotischer Altarkunst vernichtet. Der Baukörper der Kirche selbst hat die Glaubenskonflikte jedoch gut überstanden. Wandpfeileremporen umziehen den ganzen Baukörper und sind in einer bis dahin nicht gekannten Tiefe ausgeführt. Besonders zu erwähnen ist ein Epitaph aus rotem Marmor am Südwest-Portal der Kirche, das den kurpfälzischen Geschützmeister Martin Merz (†1501) auf einem Geschützrohr stehend zeigt. Er hatte sein Geld mit Waffenhandel gemacht und war einer jener wohlhabenden bürgerlichen Stifter, die den Bau der Kirche ermöglichten. Das heutige Aussehen von Obergeschoß und Kupferhaube des Kirchturms geht ins 18. Jahrhundert zurück, als er nach der Zerstörung durch die Österreicher (1703) wieder errichtet wurde; für die »welsche Haube« waren 61 Zentner Kupferblech notwendig gewesen.

Die St. Georgskirche wird bereits 1094 in einem Reisebericht Cosmas' von Prag als Pfarrkirche genannt. Das wehrhafte Äußere zeigt einen langgestreckten Chor, außenstehende Strebepfeiler gliedern das Mauerwerk. Im Innenraum hat sich zwar die gotische Gliederung erhalten, obwohl eine barocke Umgestaltung vorgenommen worden war. Ein weiteres kirchliches Kleinod der Stadt ist die Deutsche Schulkirche, die zwischen 1697 und 1699 erbaut wurde: ein prunkvolles Rokoko mit prächtigen Deckenfresken und einer tulpenartig gestalteten Chorempore sowie ein üppiges schmiedeeisernes Rankengitter sind die Besonderheiten. In den ehemaligen Klostermauern spielte sich 1825 die wohl folgenschwerste Kulturkatastrophe Bayerns ab, als mehrere eingelagerte Bibliotheken aus aufgelösten Klöstern verbrannten (siehe Ensdorf).

Rieden – Heimat von Chunrad de Rudin

Der Schlossberg von Rieden war wohl ebenso wie Kallmünz über lange Zeit hinweg mit einer wehrhaften Siedlung ausgestattet. Befestigungen und Behausungen bestanden in frühgeschichtlicher Zeit aus Holz, so dass alleine mittelalterliche Relikte überdauerten. Ein erster schriftlicher Nachweis von Rieden stammt aus der Gründungszeit des benachbarten Klosters Ensdorf, von Chunrad de Rudin. Rund 100 Jahre später, 1224, war der Ort wittelsbachisch. Weitere 115 Jahre danach gehörte das Amt Rieden schließlich zur Kurpfalz. Noch vor dem Dreißigjährigen Krieg begann die Burg zu verfallen, so dass der Amtspfleger in den Ort ziehen musste. Heute sind nur noch Mauerreste erhalten, deren Mauertechnik mit Kalkbruchsteinen auf das späte Mittelalter verweist. Hie und da haben Buckelquader unterschiedlicher Größe Verwendung gefunden, die in der romanischen Zeit gängiges Baumaterial waren. Deutlich zu erkennen ist heute auch noch ein in Fels gehauener Halsgraben.

In Rieden befand sich das kurfürstliche Umgeldamt, an das zum Beispiel auch die Biersteuer zu entrichten war. Allein für das Kloster Ensdorf war im Jahre 1758 ein »Zapfgeld« von 73 Gulden und 40 Kreuzern fällig; 30 Jahre später waren es 315 Gulden und 8 Kreuzer, was unschwer auf den höheren Bierkonsum schließen lässt (pro Sud, der aus 34 Eimern zu je 108 halben Litern bestand, musste 1 Gulden und 45 Kreuzer bezahlt werden).

Der nahe Hirschwald war das Jagdrevier der Amberger Kurfürsten. Dieser Wald geht auf eine planmäßige Anlage zurück, nachdem gerodetes Land wieder aufgekauft und großflächig aufgeforstet worden war. Wie wichtig dem damaligen Adel diese Jagdveranstaltungen waren, zeigt der hohe finanzielle Aufwand: Jährlich wurden dafür von der Regierung Ambergs 9000 Gulden angesetzt, mehrere

Der Markt Rieden geht auf eine mittelalterliche Siedlung am Schlossberg zurück.

hundert Mann hatten sich als Treiber bereitzuhalten. Aus unserer Sicht also ein ungeheurer Aufwand, eine Verschwendung von Geldern, die man der darbenden Bevölkerung hätte zufließen lassen können. Andererseits konnte sich so ein nahezu geschlossenes Waldgebiet bis heute erhalten und ist für die regionale Wasserversorgung nicht wegzudenken. Man braucht nur etwas weiter nach Süden zum Truppenübungsplatz zu schauen, wo weite Juraflächen verkarsteten und zu wasserarmen Regionen wurden (siehe Hohenfels).

Der Vilshofener Kirchberg mit seinen drei Kirchen ist ein weithin sichtbares Wahrzeichen im unteren Vilstal (siehe auch gegenüberliegende Seite).

Vilshofen – an der Grenze zweier Wittelsbacher Gebiete

Die Nachsilbe »-hofen« weist Vilshofen als fränkisch-karolingische Kolonisationssiedlung aus. Für viele Orte gibt der Name einen Anhaltspunkt für die zeitliche Entstehung. Typisch bayerische Ortsnamen, die bereits zur Zeit der bayerischen Landnahme entstanden sind, enden dagegen auf -ing oder -hausen. Der Pfarrberg wird aufgrund der erhaltenen Mauerreste als »Gottesburg« bezeichnet und von einigen Historikern um 745 als Wirkungsstätte des Missionars Wunibald angesehen; die Wunibaldstraße auf dem Pfarrberg erinnert daran. Jedenfalls war Vilshofen eine Urpfarrei, von der später die anderen Nachbarpfarreien ausgingen. Heute stehen drei Kirchen auf dem Pfarrberg: die Pfarrkirche St. Michael, die Bruderschaftskapelle und die kleine Wieskirche, die nun als Leichenhaus dient. Diese Kirchendreiheit bildet ein weithin sichtbares Wahrzeichen des unteren Vilstales.

Vilshofen war lange Zeit ein Grenzort zwischen der Pfalz und Bayern (später der Jungpfalz mit Burglengenfeld als Verwaltungszentrum). Streitigkeiten bezüglich der Schifffahrt auf der Vils tauchten daher immer wieder in den Gerichtsakten auf. Im Jahre 1524 hatten die Schmidmühlener beispielsweise Amberger Eisen mit der Begründung beschlagnahmt, Vilswörth liege auf jung-pfälzischem Gebiet, *»weshalb die Amberger kein Recht hätten, dort Eisen anzulanden«*. Vilshofen war auch ein Grenzort, der politisch der »Jungen Pfalz«, kirchlich der kurpfälzischen Pfarrei Ensdorf unterstand, was 300 Jahre lang immer wieder Anlass zu Streitigkeiten bot. Auch die Frage der Holznutzung war durch die verwickelte Grenzlage tangiert. Der Hirschwald war ein ausgedehntes Waldgebiet, Holzverkäufe durften aber nur im Inland getätigt werden. Dabei war gerade in Sulzbach in der Eisenindustrie ein großer Bedarf an Holz und Holzkohle vorhanden; die »Waldsperre« war vor allem dann hinderlich, wenn durch Windbruch große Mengen Holz anfielen.

Aus dem Dreißigjährigen Krieg (1636) liegt eine Beschreibung des Hammerwerks Vilswörth vor: Es sei *»von Soldaten ausgeplündert und verwüstet worden. Der Hammermeister habe 1632 noch Erz in Sulzbach eingekauft, habe dieses aber nicht mehr zuführen lassen können. Dadurch, dass dem Hammermeister 1633 und 1634 von den in Schmidmühlen einquartierten Reitern das Korn von den Feldern weggenommen worden sein, habe dieser auch keine Mittel mehr, um den Hammer wieder in Betrieb zu nehmen«.*

Kallmünz – Mündungsort der Vils

Der Ort wird gerne als »Perle des Naabtales« tituliert, obwohl er auch direkt an der Mündung der Vils gelegen ist. Gut geschützt im Dreieck des Zusammenflusses von Vils und Naab und des heutigen Burgbergs, war der Ort im Zwickel der Flüsse an allen Seiten sicher, so dass Siedlungsspuren bis in die ältere Steinzeit nachzuweisen sind. Eine weiträumige Ringwallanlage auf dem Burgberg stammt aus der Bronzezeit. Urkundlich belegt ist Kallmünz 938. Im Mittelalter kam Kallmünz an die (Burg-)Lengenfelder, bevor es zum Wittelsbacher Gebiet wurde. Herzog Ludwig der Kelheimer, der 1231 auf der Donaubrücke in Kelheim ermordet wurde, gilt als der Erbauer der heutigen Burganlage. Nach dem Landshuter Erbfolgekrieg fiel Kallmünz als ehemaliges niederbayerisches Gebiet an die Jungpfalz.

Der historische Ort genießt heute als Ganzes »Ensembleschutz«; er besteht aus zwei Häuserzeilen beiderseits der Haupt-

straße und schmiegt sich eng an den Burgfelsen. Aufgrund des stark begrenzten Siedlungsplatzes war bald auf der anderen Flussseite ebenfalls ein Markt entstanden. Kallmünz war mit seiner strategisch günstig gelegenen Brücke lange Zeit auch eine bedeutende Zollstätte. Die Naabbrücke aus dem 16.Jahrhundert galt bis zu ihrer teilweisen Sprengung Ende des II. Weltkriegs neben der Steinernen Brücke in Regensburg als eine der bedeutendsten in der Oberpfalz. Direkt am Brückenende steht das Rathaus mit dem Kuppeltürmchen aus dem Jahre 1603. Gegen Ende des Dreißigjährigen Krieges wurde die Burg schließlich von schwedischen Truppen

Die Burg zu Kallmünz beherrschte von exponierter Stelle aus über Jahrhunderte hinweg das Vils- und Naabtal.

Kallmünz im Mündungszwickel zwischen Vils und Naab kann auf eine lange Siedlungszeit zurückblicken, da von alters her der Burgberg im Rücken einen sicheren Siedlungsplatz bot.

zur Ruine gemacht. Rund 150 Jahre später hat der Ort die verbliebenen Reste der Burg für 8000 Gulden aufgekauft. Obwohl Ruine, zeugen die wuchtigen Mauerreste heute noch von der Größe der Anlage mit gotischem Torhaus, spätgotischer Zwingmauer, mächtigem Rundturm und wuchtigem Palas (Hauptgebäude).

Der Name Kallmünz ist noch heute mit dem Namen Johann Baptist Laßleben (1864–1928) verbunden, der hier im »liebsten Ort auf Erden« fast 40 Jahre seines Lebens verbrachte, nachdem er an der Volksschule des Ortes seine erste (feste) Anstellung erhalten hatte. Sein Wissen um das heimatliche Schrifttum hatte er ausführlich festzuhalten begonnen, als Prof. Dr. Palmié, Prof. Dr. Heterich, Wassily Kadinsky, Gabriele Münter im Jahre 1902 den Ort zum sommerlichen Künstlertreffpunkt gemacht und ihn sehr zum Niederschreiben des Büchleins »Kallmünz, die Perle des Naabtales« ermuntert hatten. Viele Zeitschriftenbeiträge folgten, auf deren Grundlage sein Gedanke reifte, eine eigene Heimatzeitschrift der Oberpfalz herauszubringen, auch um bewusst dem »Schämt sich doch mancher zu bekennen, dass er ein Oberpfälzer ist« zu trotzen. Weil er jedoch trotz regen Zuspruchs von Kollegen, Pfarrern und Professoren partout keinen Verleger überzeugen konnte, wurde Laßleben im Jahre 1907 zum eigenen Verleger. Angesichts des mageren Lehrergehalts seiner Zeit ein mutiges Unterfangen! Der Verlag Laßleben besteht heute noch und feiert demnächst also das 100jährige Bestehen.

Der landseitige Burgeingang zeugt selbst in seinem heutigen Zustand noch von einstiger Stärke.

Kirchen, Klöster und Schlösser entlang der Vils

Vier Wallfahrtskirchen auf engstem Raum

Auf dem Kreuzberg, dem Frohnberg, dem Mausberg und dem Mariahilfberg stehen jeweils Wallfahrtskirchen fast in Sichtweite zueinander. Der *Kreuzberg* mit der Hl. Kreuz-Kirche aus dem Jahre 1725 liegt an einer kleinen Anhöhe; eine Vorgängerkapelle war auf Befehl des calvinistischen Kurfürsten Ottheinrich im Jahre 1556 abgebrochen worden. Auf dem 390 m hohen *Frohnberg* lässt sich heute noch eine karolingische Vorläufersiedlung bei der Ringwallanlage erkennen. Die heutige Wallfahrtskirche »Unserer Lieben Frau« wurde in den Jahren von 1725 bis 1750 erbaut. Zahlreiche Votivbilder zeugen von der Beliebtheit der Wallfahrtskirche bei der Bevölkerung. Das Kirchlein auf dem *Mausberg*, in Sichtweite des Gebenbaches gelegen, geht auf ein Gelübde zurück: Der Pfarrer in Gebenbach ließ im Jahre 1700 zum Dank dafür, dass er einen Sturz vom Pferd unversehrt überstand, eine kleine Kapelle errichten, die ein halbes Jahrhundert später zur jetzigen Kirche ausgebaut wurde.

Auf dem 529 m hohen *Mariahilfberg*, der die Stadt Amberg um gut 150 m überragt, war aufgrund eines Gelübdes während des Pestjahres 1634 auf den Ruinen einer alten Burg eine kleine Votivkapelle entstanden. Die Menschen hielten diese Seuche für eine Strafe Gottes (für Hexenwerk oder die Rache der Juden:

AMBERGAE PESTIS DIVEXAT NOXIA CIVES (»zu Amberg quält eine verderbliche Pest die Bürger«). Als das silbergefasste Marienbild wenig später einen

Die Kirche zu Mausberg geht auf ein Gelübde des Gebenbacher Pfarrers zurück.

Die Wallfahrtskirche auf dem Frohnberg.

Brand unbeschadet überstanden hatte, wurde dies als Wunder angesehen. Der Brand sowie vor allem der wachsende Andrang der Pilger machten den Bau einer größeren Kirche erforderlich und möglich. So entstand *Mariahilf*, ein kunstgeschichtliches und architektonisches Juwel des bayerischen Barock, für das Wolfgang Dientzenhofer als Baumeister, Giovanni Battista Carlone als Stukkateur und Cosmas Damian Asam als Ausgestalter der Deckenfresken verantwortlich zeichneten. Wohl disponierte plastische Stukkaturen (typisch für Carlone die schweren dickfleischigen Akanthusblätter) betonen die Raumgliederung und geben den Rahmen für die Fresken vor. Nach einer Bauverzögerung infolge des Spanischen Erbfolgekrieges bekam Cosmas Damian Asam 1716 den Zuschlag für die Ausgestaltung der Deckenfresken, was für ihn erst sein zweiter großer Auftrag gewesen war. Im Vertrag schienen die Amberger auf gute rechtliche Absicherung bedacht gewesen zu sein, um mit dem noch nicht sehr bekannten Künstler kein Wagnis einzugehen. So stehen im Vertrag folgende Passagen: Asam habe »*kunstreiche Freskomalerei mit solchem Fleiß und Dexterität zu verfertigen, so dass seine Arbeit nach contento exact und kunstmäßig befunden, mithin hierbei keine rechtmäßige Ausstellung gemacht werden könne*«; er musste »*über jedes Konzept vor wirklicher Handanlegung die gewöhnliche Visierung oder Abriss überreichen*«. Dazu wurden 800 Gulden Entgelt zugesagt, dazu freies Logie und »*eine reputierliche Kost ohne seinem Entgelt, solange er arbeitet*«, »*Maß und Bescheidenheit*« vorausgesetzt.

Die Fresken stellen die Rettung der Stadt vor der Pest und einzelne Ereignisse aus der Geschichte der Wallfahrt dar. Ein Fresko zeigt beispielsweise einen Priester inmitten von Pestkranken zusammen mit Maria, die den Todesengel abwehrt, ein anderes eine Prozession mit dem wundertätigen Marienbild. Weitere stellen die Rettung des Bildes beim Brand 1646 oder die Weihe des Kirchenneubaus dar. Offenbar war man mit der Malerei des jungen Künstlers zufrieden, da Asam für die Seitenaltäre bereits »*nach seiner Kunst Gutbefinden die Feste B.V. Mariae exprimieren*« durfte. Stets versuchte er in diesem Sta-

Auf dem Mariahilfberg bei Amberg hat Cosmas Damian Asam nach Ensdorf sein zweites Meisterwerk geschaffen und sich damit endgültig als Künstler etabliert.

dium seines künstlerischen Schaffens, die heimische Maltradition mit den in Italien gemachten Erfahrungen zu verbinden. Später fand er immer mehr den Weg zu eigenständigen Lösungen und erreichte schließlich unbestrittene künstlerische Meisterschaft.

Theuern – das schönste Hammerschloss an der Vils

Das Vilstal hat einen Schlosstypus hervorgebracht, der sonst kaum in Bayern anzutreffen ist: das Hammerschloss. Dabei handelte es sich um Wohnsitze von Hammermeistern, die sich meist aus dem niederen, aber reich gewordenen Landadel rekrutierten. Das malerisch am Vilsufer gelegene, spätbarocke Hammerschloss in Theuern ist zweifellos das repräsentativste. Eine Besonderheit war das so genannte französische Dach, ein Mansardendach, das sich damals großer Beliebtheit erfreute. Das Portal wird durch einen leicht vorspringenden Mittelrisalit mit Dreiecksgiebel mit dem Ehewappen Lochner-Bibra geprägt.

Theuern hieß im Jahre 1092 einmal Tiuren und ist mit dem Personennamen Tiuro in Verbindung zu bringen. Im Jahr 1724 war es ein kleiner Ort, in dem nur 19 Familien wohnten. Drei Jahre später war Christian Heinrich Lochner von Hüttenbach nach Theuern gekommen und hatte mit der Errichtung des herrschaftlichen Hauses eine neue Blütezeit folgen lassen. Doch machten sich damals bereits soziale Umbrüche bemerkbar, die Bevölkerung war unzufrieden und Unruhen drohten. In einem Bericht des Jahres 1771 hieß es, *»dass die Theurischen Unruhen schon im vorigen Jahre hinlänglich erprobt worden, weil man sich sogar nicht gescheut hat, den Holzschlag auf dem Grauenberg zu difficultiren und dadurch zu veranlassen, dass eine Regierungsintribution fertigen Jahres tentrirt worden, woraus zu muthmassen, dass auch heuer die Sache nicht ganz ohne Gehrung ablaufen wird«.* 150 Jahre später war das Schloss mit seinen Nebengebäuden in einen landwirtschaftlichen Betrieb umfunktioniert, bevor in den 70er Jahren des eben vergangenen Jahrhunderts mit Millionenaufwand eine Generalsanierung durchgeführt und ihm eine gänzlich neue Aufgabe zuteil wurde: Heute ist dort das Bergbau- und Industriemuseum untergebracht, das die geologische Vergangenheit Ostbayerns würdigt. Des Weiteren wurde direkt an

Das spätbarocke Hammerschloss in Theuern stellt zweifellos den repräsentativsten Wohnsitz an der Vils dar.

der Vils der so genannte Stauberhammer aus der Nähe von Michelfeld im Museumsbereich originalgetreu wieder aufgebaut, ein typischer Nachfolgebetrieb solcher Hammerwerke wie die ebenso aufgebaute Spiegelglasschleife.

Das Vilstal war ein zentraler Teil des »Ruhrgebiets des Mittelalters«, da hier und in den angrenzenden Landesteilen neben Eisenerz eine ganze Palette weiterer wichtiger Bodenschätze lagerte und genutzt werden konnte. Zudem war im Vilstal neben den beiden wichtigen Voraussetzungen der Eisengewinnung, Eisenerzvorkommen und reichlich Wald zur Holzkohlengewinnung, ein dritter Vorteil gegeben: die Möglichkeit der Nutzung der Wasserkraft. Viele der Hammerschlösser lagen an der so genannten Eisenstraße, da Erzabbau und Eisenverarbeitung an vielen Orten der Region betrieben wurden. Viele Halbfertigprodukte (»Halbzeug«) wurden entweder vilsabwärts nach Regensburg oder auf dem Landweg über die Alb nach Nürnberg verbracht. Von Regensburg aus etwa wurden die Eisenmärkte donauaufwärts nach Ulm oder donauabwärts nach Österreich beliefert. Mit der zunehmenden Konkurrenz durch das steirische Eisen und dem Niedergang des Eisengewerbes wurde der Salztransport immer wichtiger. Dieses »Weiße Gold« war unentbehrliches Konsumgut, da es früher kaum Alternativen zur Lebensmittelkonservierung gab. Wie lukrativ dieser Salzhandel war, zeigt allein der imposante Salzstadel in Regensburg. Wöchentlich verließen Amberger Schiffe mit Salzfässern als meist einzige Fracht die Salzlände in Regensburg; um 1500 betrug der Jahresumsatz etwa 20 000 Zentner Salz, der sich bis zum 18. Jahrhundert auf rund 800 000 Zentner erhöhte.

Der Name Theuern taucht auch auf den Gefallenenlisten der berühmten Hussitenschlacht des Jahres 1433 auf: Insgesamt waren in dieser Schlacht bei Hiltesried neun Ritter, darunter Eberhard von Theuern, 59 Adelige und 124 Mann des Fußvolks gefallen, während mehr als 1500 Invasoren ihr Leben gelassen hatten und weitere 300 gefangen genommen worden waren. Diese siegreiche Schlacht über die bislang unbesiegten Hussiten stärkte das Selbstvertrauen und befreite letztlich ganz Ostbayern von der Geisel der blutigen Einfälle aus dem benachbarten Osten. In den Jahrzehnten zuvor hatte das *»Kommt der Böhm ins Land, zittert der Nagel an der Wand«* leidvolle und grausame Schicksale

Das Schloss in Theuern zeugt heute noch vom einstigen Wohlstand der Besitzer, der letztlich auf der Wasserkraft der Vils beruhte.

wiedergegeben. Auslöser der jahrzehntelangen, blutigen Nachbarschaftskonflikte war die Hinrichtung des Prager Professors Jan Hus gewesen, der trotz vorheriger Zusicherung freien Geleits auf dem Konstanzer Konzil als Ketzer auf dem Scheiterhaufen verbrannt worden war; vordergründig war es bei der theologischen Auseinandersetzung eigentlich »nur« darum gegangen, *»ob der Einzelne vernunftgemäß oder durch die Lehrautorität der Kirche überzeugt werden müsse«*.

Das Wittelsbacher Kloster Ensdorf – die Asam'sche Perle im Vilstal

Dieses Kloster war und ist der kulturgeschichtliche Mittelpunkt des unteren Vilstales. Die Ensdorfer Klostergründung war 1121 das Gemeinschaftswerk des Grafen Friedrich von Burglengenfeld, des Pfalzgrafen Otto von Wittelsbach und des Bischofs von Bamberg. Damals waren Klosterneugründungen häufig: Kastl (1096), Reichenbach (1118), Michelfeld (1119), Walderbach (1140), Speinshart (1145) und Waldsassen (1153). Einerseits wurden in diesen Jahren eine ganze Reihe von Hausklöstern gegründet, um sich »den Eintritt ins himmlische Paradies zu sichern« und um eigene Erbbegräbnisstätten zu haben; andererseits wollte man in dieser neuen Kolonisierungswelle (nach den Ungarnstürmen) wirtschaftliche und religiös-kulturelle Mittelpunkte in Rodungsgebieten unerschlossener Waldgebiete schaffen.

Die erste Klosterkirche überdauerte nur 60 Jahre; 1179 wurde bereits mit einem Neubau begonnen, einer kreuzförmigen, flachgedeckten Basilika mit zwei romanischen Westtürmen. Im 14. Jahrhundert erhielt die Kirche ein gotisches Gewölbe. Im Jahre 1507 kam es zu einer folgenschweren Brandkatastrophe, die große Schäden an Kirche und Kloster hinterließ. Zu allem Unglück erfolgte in den kommenden Jahren ein allgemeiner wirtschaftlicher Niedergang, so dass das Kloster Ensdorf ab 1554 unter eine weltliche Verwaltung gestellt wurde und in der Zeit der Reformation das klösterliche Leben erlosch. Erst 1669 kamen im Zuge der Restauration

Der Turm der Klosterkirche St. Jakob stammt aus dem 18. Jahrhundert und dominiert das Viereck der Klostergebäude von Ensdorf.

ehemaliger Klöster erneut Benediktinermönche nach Ensdorf. Knapp 50 Jahre nach dem Ende des Dreißigjährigen Krieges hatte sich die Wirtschaft bereits soweit erholt, dass mit dem Neubau begonnen werden konnte. Wolfgang Dientzenhofer lieferte die Bauzeichnungen der für ihn typischen Wandpfeilerkirche, deren Grundsteinlegung 1694 erfolgte. Allerdings kamen mit dem Spanischen Erbfolgekrieg (1701–1714) neue Unruhen ins Land, die zu einer erheblichen Verzögerung der Baupläne beitrugen. Der Grundriss der ehemaligen Klosterkirche St. Jakob ist ein einfaches Rechteck mit drei Jochen; das Querschiff greift nicht über die Umfassungsmauern hinaus. Erst im Jahre 1717 war die neue Kirche fertig.

Das Altarbild stammt von Johann Gebhard aus Prüfening und zeigt Wallfahrer am Grab des hl. Jakob. Johann Gebhard hatte zwischen 1711 und 1719 eine äußerst produktive Phase als Altarbildmaler. An vielen Orten der Region tragen Werke dieses Zeitraumes seinen Namen mit Ortsangabe und Entstehungsjahr. Sobald sein 1703 geborener Sohn mitarbeitete, beließ er es beim »G« und stellte den Nachnamen in den Vordergrund; offensichtlich wollte er den Namen Gebhard bekannter und ihn zur gemeinsamen Werkstattsignatur machen. Das Kuppelfresko von Cosmas Damian Asam zeigt die Hl. Dreifaltigkeit mit Scharen von Engeln und Heiligen. Weitere Szenen stellen das Leben und die Legende des hl. Jakob dar. Asam versuchte sich hier zum ersten Mal an einem großen Werk, das ihm wahrlich gelungen ist. Sein 1714 signiertes Kuppelbild *»bewältigt meisterhaft die Aufgabe, die Seligen des Himmels darzustellen, die vom Bildrand bis zur Kuppelmitte in wirbelnden Kreisen zur heiligen Dreifaltigkeit emporschweben, dabei* *sich in Gruppen absetzen und in immer neuem Erstaunen Freude und Beglückung ausdrücken«.* Auch der Schimmel, auf dem der hl. Jakob nach der Legende den Spaniern zum Sieg über die Sarazenen verhilft, und der den Betrachter anzuspringen scheint, zeugen von der Darstellungskraft des jungen Künstlers. Die realistische Aussagekraft und Plastizität des wogenden Schlachtengetümmels, der Enthauptung von Jakob oder der lichtdurchfluteten, aufspringenden Kerkertür zeugen von der großen Könnerschaft Asams.

Der Name Asam, genauer der Gebrüder Asam, steht für das bayerische Barock. Als Vollender des deutschen Spätbarock und Wegbereiter des süddeutschen Rokoko nehmen sie in der Kunstgeschichte eine bedeutende Position ein. Das Wirken der beiden unglaublich vielseitigen und hochbegabten Brüder stellt ein wohl einzigartiges Phänomen dar: Sie arbeiteten fast immer zusammen, ergänzten sich auf ideale Weise und entwickelten dadurch einen eigenständigen Stil von konzeptioneller Geschlossenheit. Cosmas Damian war Maler und Architekt, Egid Quirin Bildhauer und Stukkateur. Das künstlerische Wissen und die solide Ausbildung erhielten sie von ihrem Vater Hans Georg Asam, der als erster Freskenmaler in Deutschland die Perspektive und Illusionseffekte verwendete. Für Cosmas Damian Asam wurde die Ausführung der Ensdorfer Kirche zum Meisterwerk, mit dem er zu höchstem Ruhm aufstieg. Klösterliche Bauherren gaben jungen Künstlern erste Chancen und erste Aufträge und entdeckten dabei oft junge Talente. Die Künstler wurden sodann meist von Abt zu Abt »weitergereicht«, da sich im 18. Jahrhundert das Land wirtschaftlich weitgehend vom Dreißigjährigen Krieg erholt hatte

und damit die sakrale Kunst eine Renaissance erlebte. Mancher Künstler konnte sich so für größere Arbeiten profilieren.

Vier Äbte des Klosters haben die Klostergeschichte nach der Restauration entscheidend geprägt: Bonaventura Oberhuber (1695–1716), Anselm Meiller (bis 1761), Anselm Desing (bis 1772) und Diepold Ziegler (bis 1801). Bonaventura, gleichzeitig Abt in Kloster Reichenbach, zeichnete für den Klosterneubau verantwortlich. Anselm Meiller war eine besonders lange Amtszeit von 45 Jahren vergönnt. Unter seiner Zeit wurden auch große Summen für Bücheranschaffungen ausgegeben und eine ansehnliche Bibliothek aufgebaut. Sein Nachfolger Anselm Desing war universeller Barockabt und kritischer Geist zugleich, der sich auf großen Reisen gebildet und es auf vielen Wissensgebieten zu Anerkennung gebracht hatte: Er war Jurist, Historiker, Geograph, Astronom und Mathematiker zugleich. Der letzte Abt, Diepold Ziegler, engagierte sich besonders im Schulwesen und gründete 1776 ein *»Pädagogium zur Heranbildung von oberpfälzischen Lehrern und zur Vorbereitung begabter Knaben für die höheren Schulen«*; es versorgte bald *»alle Schulen der Nachbarschaft mit Ensdorfischen Zöglingen, ... die sich vor allen anderen auszeichneten.«* Mit der Säkularisation erlosch jedoch auch das »Pädagogium«. Zwar war nach dem Tod Zieglers zum Schein eine erneute Abtwahl genehmigt worden, der Aufhebungsbeschluss war jedoch schon gefallen. Der Staat nahm damals die Gelegenheit wahr, schnell zu Geld zu kommen. Die verbliebenen Patres wurden

Die ehemalige Benediktinerabtei in Ensdorf war über die Jahrhunderte hinweg die wirtschaftliche und kulturelle »Keimzelle« des unteren Vilstales.

in die Armut entlassen; ein Bittgesuch des Jahres 1804, in dem die »Kurfürstliche hohe Landesdirektion« um Unterstützung bei den Arztkosten eines Klosterpaters gebeten wurde, blieb unerhört, der Kranke verstarb. Die umfangreiche Bibliothek, darunter eine Gesamtausgabe von Merian, wurde in das ebenfalls säkularisierte Salesianerinnenkloster nach Amberg transportiert; dort ist sie bei einem Brand am 3. Juni 1825 *»mit so vielen anderen [Büchern] in Rauch aufgegangen«*.

Die Ensdorfer Sakristei – in Holz geschnitzte Szenen der Verwandlung

War der Kirchenneubau in die Zeit des Spanischen Erbfolgekriegs gefallen, so verzögerte der Österreichische Erbfolgekrieg die Sakristeiausgestaltung. 1740 hatte Maria Theresia in Wien ihr Erbe angetreten, nachdem bereits 1713 ihr Vater in der „Pragmatischen Sanktion« mit viel diplomatischem Nachdruck nach dem Tod des einzigen Sohnes die weibliche Erbfolge in den Habsburger Erblanden durchgesetzt hatte. Nur Kurfürst Karl Albrecht hatte als Landesherr Bayerns diese Zustimmung verweigert: Er glaubte sich im Recht, Teile des Nachbarlandes und den Kaisertitel beanspruchen zu können. Eine zwei Jahrhunderte zurückliegende Eheschließung eines Wittelsbachers mit einer habsburgischen Prinzessin diente als offizielle Begründung für diese Erbforderung, obwohl im damaligen Ehevertrag ausdrücklich der Verzicht auf das Erbe Österreichs festgeschrieben war.

Kurfürst Karl Albrecht marschierte mit einem Heer in Österreich ein, eroberte Prag und wurde dort zum böhmischen König ausgerufen. Doch das bayerische Kriegsglück endete, als 12 Tage nach der feierlichen Kaiserkrönung österreichische Truppen München einnahmen. Im Juni 1743 wurde Bayern sogar offiziell unter österreichische Verwaltung gestellt. Erst nach zwei Jahren Schreckensherrschaft der Pandurenhorden erhielt Karl Albrecht ein ausgeblutetes Bayern zurück, nachdem er auf seine Forderungen verzichtet und Maria Theresia als Kaiserin anerkannt hatte; er verstarb jedoch nur 48jährig bald danach. Der kurze Ausflug der Wittelsbacher in die große Geschichte war zu Ende und das jahrhundertelange politische Marionettenspiel der Kleinmächte Europas ging weiter, ohne dass die entscheidenden Fäden jemals wirklich in Bayern gezogen worden wären: Die erfolgreiche Politik einer *»Balance of Power«* wurde an ferneren Kaminfeuern betrieben.

In den Kriegsjahren 1742/45 hatte das Kloster hohe Beträge an Kriegslasten zu übernehmen, so dass an Baumaßnahmen eigentlich nicht zu denken war, da *»alles Geld auf die österreichischen Soldaten aufgegangen«* war. Vom anderen Kriegsakteur dieser Zeit, Friedrich II., erfahren wir die unglaubliche Höhe der Militärausgaben, die im Jahr 1740 beispielsweise deutlich mehr als die Hälfte des Gesamtetats ausmachten. Gerade in diesen Kriegsjahren war die herrliche Ausstattung der Ensdorfer Sakristei entstanden! Allerdings existieren für die sicherlich hohen Aufwendungen keine Rechnungen in Kloster-

Die Hermenfiguren in der kunstvoll geschnitzten Sakristei des Klosters Ensdorf sollen wohl die Stärkung des Priesters für den Gottesdienst symbolisieren: Der Geistliche wird durch sein neues Gewand zum erstarkten Menschen, symbolisiert beispielsweise durch ein Löwenfell (siehe auch Abbildung auf Seite 48).

archiven, so dass auch nichts über den/die Künstler bekannt ist. Dies ist umso erstaunlicher, weil alle anderen Baumaßnahmen im Kloster gut belegt sind. Die Jahreszahl 1743 am Abtwappen des Sakristeischränkchens liefert den Hinweis auf die Entstehungszeit der kunstvoll geschnitzten Sakristei. Meisterhaft sind grazile Details in den Schnitzereien herausgearbeitet, in denen sich das frühe Rokoko ankündigt. Am Paramentenschrank fallen die Insignien der Kaiserwürde auf: der Doppeladler mit Krone, das Schwert und der Reichsadler. Daher könnte Kurfürst Karl Albrecht, der zwischen 1742 und 1745 Kaiser war, vielleicht der Stifter sein. Ebenso wie der Stifter im Dunkel der Geschichte bleibt, tut dies auch der Künstler, obwohl hin und wieder Parallelen zur Stiftsbibliothek in Waldsassen gezogen werden.

Besonderes Interesse verdienen die Hermengestalten an den Pfeilern der raumfüllenden Schrankwand. Jede dieser Figuren weist ein zweites »Gesicht« über dem eigentlichen Gesicht auf, das einer Maske gleichkommt. Da keine archivalischen und stilistischen Hinweise existieren, ließe sich die Ausgestaltung der Sakristei symbolisch deuten: Der Geistliche, der sich in der Sakristei Priestergewänder anlegt, wandelt sich zum neuen, erstarkten Menschen. Angedeutet wird dies beispielsweise durch den Löwenkopf einer Hermengestalt. Viele der geschnitzten Figuren sind von einer Symbolik, die dem heutigen Betrachter oft nicht mehr verständlich ist: Das Kreuz und der Kelch als Sinnbild des Leidens Christi und des Opfers, der Anker als Sinnbild der Hoffnung, die Säule versinnbildlicht Festigkeit (im Glauben), der Pelikan soll an den Opfertod Christi erinnern.

Unbegreiflich erscheint heute, dass in der Schätzliste des Kommissärs von 1802 der kunstvolle Paramentenschrank mit einem Wert von 28 Gulden angegeben ist, ja die gesamte Sakristei einen Schätzwert von 55 Gulden und 2 Kreuzer hatte. Die Akribie, mit der dabei vorgegangen wurde, lässt sich daraus erahnen, dass ein ganzer Tag (der 12. März) für Inventarisierung und Taxierung der Sakristei anberaumt wurde. Ziel der damaligen Aktionen war es offensichtlich, schnell an Geld zu kommen, was mit dem Einschmelzen von Monstranzen, Kelchen und Leuchtern leicht möglich war. Man schreckte nicht einmal davor zurück, das goldene Brustkreuz des Abtes, welches nur zwei Jahre vorher als persönliches Geschenk vom Kurfürsten überreicht worden war, wieder einzuziehen; auf 2000 Gulden taxiert, ging es zurück in die Schatulle des Münchener Kurfürsten. Inventar eignete sich weniger zum Verkauf; so brachten die über 100 Ölgemälde nur 100 Gulden ein. Nachdem Österreich bereits 1781 und Frankreich 1789 mit entsprechendem Beispiel vorangegangen waren, hatte die Säkularisation auch in Süddeutschland das »*unersetzliche Erbe einer tausendjährigen Geschichte sinnlos zugrunde gerichtet*« und eine »*tiefe kulturelle Ausleerung*« gebracht. Lange nach dem Ende dieses Goldrausches urteilte die Geschichtsschreibung eindeutig: »*Wenige unter den großen Staatsumwälzungen erscheinen so hässlich, so gemein, so niedrig wie diese Fürstenrevolution von 1803. Es drängten sich in wilder Gier die reichsfürstlichen Gesandten, ... um durch die Gunst des Reichsfeindes ein reiches Stück aus den Gebieten ihrer geistlichen Mitstände zu gewinnen.*« Eine andere Quelle wird noch deutlicher: »*Die Aufhebungskommissäre hätten ärger als die Schweden gehaust!*«

Im Tal der Lauterach

Mit ihrer Länge von gut 30 km ist die Lauterach der längste Nebenfluss der Vils, der wiederum den Hausener und den Mühlhauser Bach aufnimmt. Auch wenn sie meist schmal und gewunden ist, war die Lauterach im Mittelalter doch maßgebend für die überregionale Verbindungsstraße von Erfurt über Forchheim nach Regensburg. Entlang solcher Fernwege waren daher immer wieder Burgen entstanden, die manchmal im Laufe der Zeit zu Ortsgründungen führten. Die Namensgebung der Lauterach weist auf »lauteres« (=sauberes) Wasser hin. Sie war ihrer Forellen wegen berühmt, die zeitweise bis in die ehemaligen mondänen böhmischen Badeorte Karlsbad und Marienbad verschickt wurden. Das Wasser der Lauterach ist zur Zeit jedoch in die politische Diskussion geraten, da Trinkwasser für das nahe Neumarkt abgezweigt werden soll, das jenseits der Wasserscheide liegt. Aus einer Karstquelle mit einer durchschnittlichen Schüttung von rund 100 Liter pro Sekunde, aus der gegenwärtig bereits rund 15% zu Trinkwasserzwecken entnommen werden, soll künftig bis zu 40% des Quellwassers geschöpft werden. Diese zusätzliche Wasserentnahme würde die Menge des Lauterachwassers entsprechend reduzieren. Die Gegner dieser Maßnahme befürchten eine Beeinträchtigung der Kleinwasserwerke und Forellengewässer und sprechen zudem davon, dass »*Neumarkt seine hausgemachten Probleme [mangelnden Wasserschutzes] abwälzen möchte*«; »*schließlich fließe die Lauterach keineswegs ungenutzt ins Schwarze Meer*« und überhaupt: »*Kann Wasser überhaupt verkauft werden?*«

Die exponierte Lage des Klosters Kastl lässt unschwer ahnen, dass sich auf dem Bergsporn bereits im Mittelalter eine Burg befunden haben muss.

Lauterhofen, gegründet an der Lauterachquelle, kann auf eine 1275jährige Geschichte zurückblicken.

Lauterhofen – alter fränkischer »Lutrahahof«

Ortschaften im Quellbereich von Flüssen unterstreichen die Bedeutung des Wassers für die Region. Auch Lauterhofen ist ein gutes Beispiel für eine solche Ortswahl, ebenso das nahe gelegene Brunn, das an einer kräftigen Karstquelle gebaut ist, die je nach Wasserstand immerhin zwischen 200 und 1000 l/s ausschütten kann. Die Endung des Ortsnamens von Lauterhofen weist auf eine Verbindung zu einem fränkischen Königsgut hin. Der alte Name *Lutrahahof* (Hof an der Lauterach) ist in einer Urkunde Karls des Großen erwähnt. Aventinus nennt als Gründungsjahr 725, die Zeit also, in der Karl Martell dieses Gebiet dem Fränkischen Reich einverleibte. Heutzutage ist jedoch unbestritten, dass die meisten Siedlungen älter sind als Urkunden belegen. Königshöfe lagen aus politischen und strategischen Gründen an Flussläufen und Verkehrsverbindungen und dienten neben der Kontrolle und dem Schutz der Wege vor allem der Versorgung der königlichen Hofhaltung des reisenden Hofes, seiner Beamten und Heere. Das Hinterland sollte dabei die nötigen Güter zur Verfügung stellen können. Die Schutz- und Geleitaufgaben wurden jedoch an lokale Edelfreie delegiert, wobei lange Zeit eine enge Beziehung zu den Burggrafschaften erhalten blieb.

Im 19. Jahrhundert war Lauterhofen und das Lauterachtal über Jahrzehnte hinweg Gegenstand (eisenbahn-)politischer Diskussionen. 1877 war eine Strecke Amberg – Velburg – Ingolstadt abgelehnt worden, ebenso wie dies zwei Jahre später mit der Planung für Amberg – Neumarkt geschah. Ernsthaft beraten wurden in den Jahren danach die Pläne für die Strecke Kastl – Lauterhofen – Hersbruck sowie Neumarkt – Kastl – Hohenburg – Schwandorf, obwohl es sich beide Male um Parallelstrecken zur bereits bestehenden Hauptverbindung Nürnberg – Amberg – Schwandorf gehandelt hätte. 1903 konnte schließlich die Nebenbahn von Amberg nach Kastl und Lauterhofen eröffnet werden; die vorgesehene Fortsetzung nach Neumarkt unterblieb jedoch. Später sollte ein Chronist über diese Eisenbahn schreiben: »*Von allen Strecken in unserem Kreise ist sie zwar die unrentabelste, aber auch die schönste!*«

Kastl – aus drei Burgen wurde ein Kloster

Kastl war wohl zunächst als Reichsburg gegründet, später zur Landesburg und um 1100 schließlich zu einer so genannten Ganerbenburg umgewandelt worden. Die damaligen drei Besitzer, laut Stiftungsurkunde die Grafen Berengar von Sulzbach, Friedrich und Otto von Kastl-Habsberg, beschlossen schließlich, aus der Burg ein Kloster zu machen. Wahrscheinlich waren aber die wahren Initiatoren Luitgard, die Witwe des Markgrafen Diepold I., und ihr Bruder, der aus Konstanz verbannte Bischof Gebhard; diese beiden konnten jedoch nicht öffentlich auftreten, da sie mit der antikaiserlichen Partei sympathisierten. Die großzügige Erstdotierung erlaubte einen raschen Ausbau des Klosters. Heute fragt man sich, weshalb damals Privatleute große Vermögenswerte der Kirche vermachten. Die damalige Glaubensauffassung und die christliche Tradition des »*do ut des*« (Ich gebe, damit Du gibst) scheinen hierbei im Vordergrund gestanden zu haben.

Zahlreiche Epitaphe bezeugen die einstige große Bedeutung von Kloster Kastl.

Die Bauanlage des Klosters entsprach dem Reformgeist der bedeutenden Klöster Cluny und Hirsau. Die Lebensführung wurde bestimmt durch Ideale der Weltflucht, strenge Askese und absoluten Gehorsam. Die dreischiffige Basilika zählt zu den wichtigsten romanischen Bauwerken Bayerns. Das Hochschiff des Chores trägt eines der ältesten Tonnengewölbe im süddeutschen Raum. Die Art seiner Gliederung unterscheidet sich von der damals in Deutschland üblichen Wölbungstechnik und weist auf einen Baumeister aus Burgund hin. Eindrucksvoll ist die Paradiesvorhalle mit Resten der romanischen, ehemals dreischiffigen und zweigeschossigen Anlage. Einer der beiden Türme, der Nordturm, stürzte 1264 ein. Der heutige Turm stammt aus dem Jahre 1952.

In Kastl scheint auch eine Verschwörung ihren Ausgang genommen zu haben: Im Jahre 1105/06 fürchtete der Adel um seine zahlreichen Privilegien, da Kaiser Heinrich IV. vermehrt Ämter an Ministerialen und Bürger vergab. Markgraf Diepold von Vohburg-Cham, Otto von Kastl und Graf Berengar von Sulzbach planten daraufhin eine gewagte Intrige, indem sie dem Sohn des Kaisers zur Machtergreifung verhalfen. Vater und Sohn standen sich daraufhin mit ihren Heeren am Regen gegenüber und nur »*durch das Flußbett wurden die ruchlosen Absichten verhindert*«: Der Vater mußte schließlich nachgeben, »*damit der Sohn nicht zum Vatermörder würde*«, und sich vergrämt an den Rhein zurückziehen, wo er kurz darauf verstarb.

Die Schweppermannsburg in Pfaffenhofen

Schweppermann muss ein Haudegen gewesen sein: Fünf Jahre vor seinem Tod ging er als Retter der legendären Schlacht bei Ampfing (1322) in die Geschichte ein. Diese letzte »echte« Ritterschlacht ohne Feuerwaffen war zwischen den Heeren Kaisers Ludwig des Bayern und des Gegenkaisers Friedrichs des Schönen aus Österreich ausgefochten worden: Es ging um das Erbe von Niederbayern und natürlich darum, wer die Doppelwahl der Kurfürsten für sich entscheiden konnte. Ludwig kämpfte im Gewand eines Bürgers, Friedrich dagegen siegessicher in

Die Burg in Pfaffenhofen ist eng mit dem legendären Namen Seyfried Schweppermann verbunden, einem Ritter des 14. Jahrhunderts, der Geschichte geschrieben hat.

glänzender Rüstung, da er auf eine (angeblich) vierfache Übermacht bauen konnte und sich zudem der militärischen Hilfe seines Bruders Leopold sicher war, der aus Schwaben anrücken wollte. Die Schlacht drohte denn auch für Ludwig mit einer Niederlage zu enden, bevor der Feldhauptmann Schweppermann mit der berittenen Reserve erschien. Die Österreicher hatten ihn noch stürmisch begrüßt, da sie ihn für den erwarteten Entsatz Leopolds gehalten hatten. Das Kriegsglück drehte sich, Friedrichs Pferd wurde erstochen und Friedrich selbst lag in seiner schweren Rüstung »*wie ein auf dem Rücken liegender strampelnder Maikäfer*« am Boden. Das folgende Siegesmahl fiel offensichtlich karg aus; der Legende nach bestanden die Vorräte nur mehr aus Eiern. Der Kaiser soll dabei den berühmt gewordenen Spruch getätigt haben, der heute in den letzten beiden Zeilen des Grabsteins Schweppermanns in Kastl zu lesen ist: »*Hie leit begraben Seyfried Schweppermann /*

Die Kirche zu Zant, erbaut auf den Grundmauern einer früheren Burg.

Die Kirche von Hausen im Tal des Hausener Baches, einem Nebenfluss der Lauterach.

Alles Thuns und Wandels ahn / Ein Ritter keck und vest / Der zu Gunderstorff im Streit that das best / Der ist nun todt / Dem Gott genodt / Obijt. Anno 1337 / Jedem ein Ey / Dem frommen Schweppermann zwey.«

Friedrich der Schöne war nach der verlorenen Schlacht 28 Monate lang Gefangener auf der Burg Trausnitz an der Pfreimd. Ein kühner Befreiungsversuch scheiterte kläglich, weil Friedrich seinen verwegenen Befreier für ein Gespenst hielt und laut um Hilfe schrie! Ludwig gewährte ihm schließlich die Freiheit, nicht ohne Friedrich das Ehrenwort abgenommen zu haben, Habsburger und Wittelsbacher miteinander auszusöhnen. Als Friedrich dies nicht erreichte, kehrte er freiwillig wieder nach Bayern zurück. Ludwig zeigte diplomatisches Geschick und machte seinen Konkurrenten daraufhin zum Mitregenten, was wiederum von der Mehrheit des Kurfürstenkollegiums abgelehnt wurde. Der Kaisertitel blieb für die Wittelsbacher jedoch die Ausnahme, da die Konkurrenzdynastien einen erheblich umfangreicheren Hausbesitz hatten und noch vor Ludwigs Tod der Luxemburger Karl IV. zum Kaiser gewählt wurde (siehe Sulzbach).

Hohenburg – auf Abbruch verkauft

Drei mächtige Zacken ragen von der einstigen Burg auf dem 521 m hohen Bergkegel in den Himmel. Sie stammen von einer gewaltigen Burganlage, die den Markgrafen vor rund tausend Jahren einen gemauerten Schutz gegen die slawisch-böhmischen Nachbarn bieten sollte. Markgrafschaften sollten Grenzgebiete gegen feindliche Einfälle schützen und kolonisiertes Gebiet wirkungsvoll sichern und hatten daher das uneingeschränkte Recht zum Burgenbau. In der Landnahme- und Schutztradition lautete der Ortsname auch »Hohenburg auf dem Nordgau«. Die vier Söhne der letzten Generation der Hohenburger hatten sich dem Kriegshandwerk verschrieben, standen in den Diensten des Stauferkaisers Friedrich II. und fanden allesamt im fernen Italien zwischen 1248 und 1257 den Tod. Als der legendäre Kaiser im Jahre 1256 verstarb, brach die Staufermacht zusammen. Der damalige Papst, der Friedrich bereits 1245 für abgesetzt erklärt hatte und in Deutschland Gegenkönige wählen ließ, belehnte den Bruder des französischen Königs mit dem staufischen Königreich in Unteritalien. Im verlorenen Kampf um dieses Erbe gingen auch die letzten Hohenburger unter, wurden zum Tode verurteilt und später zu lebenslanger Kerkerhaft begnadigt; dieser »Gnadenakt« bedeutete in der Realität einige Monate Leben unter unmenschlichen Bedingungen. Dass die Hohenburger alles »auf eine Karte« gesetzt hatten und nicht wenigstens einer der Erben zu Hause geblieben war, überrascht angesichts des damals verbreiteten dynastischen Denkens. Bereits gut 100 Jahre vorher hatten die Hohenburger für den Fall des Aussterbens

Heimhof zeigt in hervorragender Weise den über Jahrhunderte hinweg vollzogenen Wandel einer Burg zum Schloss.

ihres Geschlechts ihren gesamten Besitz dem Bistum Regensburg vermacht. Hohenburg fiel daher an das Regensburger Hochstift und blieb dort bis 1810.

Rund 300 Jahre später muss die Burg in verfallenem Zustand gewesen sein, da ein Handwerksmeister nach Hohenburg geschickt worden war, um »*etlich baufäll*« zu besichtigen. Im Jahre 1585 wurden umfangreiche Restaurierungsarbeiten durchgeführt, weswegen auch bekannt ist, dass 66 große Fenster mit 268 bleigefassten Fensterscheiben und Eichenbohlen-Fußböden vorhanden waren. Der Dreißigjährige Krieg verlief für Markt und Burg glimpflich, die Burg wurde nicht eingenommen. Allerdings raffte 1632/34 die Pest die Hälfte der damaligen Bevölkerung dahin. Gegen Ende des 18. Jahrhunderts war schließlich das Nachbarschaftsverhältnis zur Pfalz denkbar schlecht geworden. Dies drückte sich in dermaßen hohen Mautgebühren aus, dass das gesamte Geschäftsleben in der hohenburgischen Enklave gelähmt war. Wer als Handwerker aus Hohenburg seine Ware auf einen pfälzischen Markt bringen wollte, musste pro Zentner Handelsware fünf Gulden Maut bezahlen, auch wenn gar nichts verkauft werden konnte. Es ist leicht zu verstehen, dass unter solchen Umständen kein Warenverkehr mehr stattfand. Nach dem Säkularisationsbeschluss von 1803 blieb die Herrschaft Hohenburg zunächst beim inzwischen souveränen Fürstentum Regensburg und fiel sieben Jahre später an den bayerischen Staat: Hohenburg sank danach zur Bedeutungslosigkeit herab. Die Hohenburg, da-

Der Markt Hohenburg war jahrhundertelang Teil des Regensburger Herrschaftsgebietes, bis 1810 die »bayerische« Zeit angebrochen war.

Die drei Mauerzinnen sind die Reste der einst prächtigen Hohenburg, die vor knapp 200 Jahren auf Abbruch verkauft worden war und heute zum gleichnamigen Truppenübungsplatz gehört.

mals noch ein imposanter Bau mit einer hohen Ringmauer, wie eine Ansicht aus dem Jahre 1812 zeigt, wurde wie viele andere Gebäude dieser Zeit auf Abbruch verkauft und von vier Hohenburger Bürgern für 512 Gulden erworben. Die Burg wurde bis auf die heute noch sichtbaren Reste abgetragen.

In Sichtweite der Burg befindet sich am Steilhang des Lauerachtales die frei stehende Kirche zu Stettkirchen mit dem darunter liegenden Pfarrhof. Die Kirche soll ihre Entstehung einem Gelübde des Kaisers Otto II. während einer Schlacht ver-

Das Hohenburger Schloss in einer Abbildung aus dem Jahr 1812.

danken. Allerdings stammt der erste schriftliche Nachweis über die Kirche an der »Gestetten« der Lauterach aus dem Jahre 1391. Der mittelalterliche Turm erhielt um 1600 einen Aufbau im Stil der Renaissance, etwa 100 Jahre später wurde die Kirche erweitert. In einem Schreiben des Jahres 1690 beantragte der Dekan von Allersburg, der Chor solle »*da derselbe weder Form noch Gestalt habe, sondern gegen das Langhaus mit einer Spelunke zu vergleichen sey, mit einem förmlichen Gewölb und proportionierten Fenstern versehen werden*«. Zum Umbau wurde Steinmaterial von der Schlossruine in Adertshausen verwendet. Das romanische Südportal, durch das heute die Kirche betreten wird, soll aus dieser Schlossruine stammen, könnte jedoch auch vom Vorgängerbau erhalten geblieben sein. Der Kircheninnenraum ist reich mit Deckenstukkaturen aus dem Jahre 1733 versehen.

Schmidmühlen – das Tor zum Lauterachtal

Der Marktflecken liegt direkt im Talkessel der Einmündung der Lauterach in die Vils und verdankt dieser verkehrsgünstigen Lage wohl auch seine Entstehung. Bereits um das Jahr 1010 gab es hier ein »*smid-*

Die Wallfahrtskirche Mariae Heimsuchung zu Stettkirchen geht angeblich auf ein Gelübde vor gut 1000 Jahren zurück.

muln«, wie aus einer Schenkungsurkunde an das Kloster St. Emmeran hervorgeht (*»Quod dicitur Vilisa in unico Smidimulni nuncupato«*). Der Name selbst weist schon auf eine Schmelzwerkstatt hin, in der wohl von der Oberfläche zugängliches Erz zu Roheisen verarbeitet wurde. Dies geschah in der Regel in einer Art von Tretmühle, so genannten *»fabricus pedales«*, die mit Muskelkraft die Eisenproduktion vorantrieben. Später wurde mit den *»Ple-schen«* die Wasserkraft der Vils zum Betrieb solcher Blasebälge und Hammerwerke benutzt. In der Herstellung der Bleche besaß die Region damals eine Art Monopol, was erklärt, dass zeitweise ein Viertel der Oberpfälzer in der Eisenverarbeitung und dem Eisenhandel beschäftigt

Weidende Schafe sind mittlerweile wieder ein häufiges Bild im Lauterachtal geworden.

Schmidmühlen, im Talkessel der Vils und der Lauterach gelegen, ein Ort mit mehr als 1000jähriger Siedlungsgeschichte.

war. Entstanden ist Schmidmühlen jedoch sehr wahrscheinlich als verkehrsgünstiger Halteort entlang der alten Fernverbindung Forchheim – Lauterhofen – Regensburg, die hier auf die Vils traf. Hier konnten Güter auf das Schiff umgeladen und nach Regensburg befördert werden; der Ort besaß lange Zeit auch ein eigenes Transportschiff. Meist war vilsabwärts Eisen geladen und vilsaufwärts Salz, so dass jahrhundertelang der Reim geläufig war: *»Vilsabwärts Eisen, vilsaufwärts Salz, das war der Handel der Oberen Pfalz.«*

Erasmus Grasser (1450 – 1518), »*Burger zu Munchen*« und »*Pildhauer von Schmidmülln*«, ist wohl der berühmteste Sohn Schmidmühlens. Als Schöpfer der Moriskentänzer gilt er als Wegbereiter der spätgotischen Plastik schlechthin, da »seine« Gesichter und Menschen lebensnah, menschlich und freimütig dargestellt wurden und nicht mehr geziert und fromm, wie in den Darstellungen vor seiner Zeit üblich. Die Zunft in München hatte 1474 sein erstes Gesuch um Zulassung als Meister abgelehnt, da er ein »*unfriedlicher, verworrener und arglistiger Knecht*« sei. Drei Jahre später erhielt er trotzdem die Meisterwürde, nachdem er die Deckengestaltung des Münchner Rathaussaales ausgeführt hatte. Weitere drei Jahre später wurde der nur 30jährige Meister einstimmig zum Zunftvorstand gewählt. Frisch verheiratet mit einer reichen Bürgerstochter erhielt Grasser den Auftrag seines Lebens, als er den Sitzungssaal des Rathauses mit »*16 Pilden Maruschka Tanz*« ausgeschmücken sollte. Mit diesem Auftrag konnte er sein geniales Talent als Bildschnitzer zeigen und unter seiner Hand entstanden die berühmten Moriskentänzer: Diese spanisch-jüdischen Mauren, die in ungebändigter Wildheit und mit Pfeifen und Trommeln Tänze begleiteten, standen damals in ganz Europa in hohem Ansehen. Die Darstellung der überlebensgroßen Holzfiguren der *Maruska*-Tänzer mit heftigen, ineinander verschränkten Bewegungen war handwerklich sehr anspruchsvoll. Heute werden diese Figuren denn auch zum Allerbesten gezählt, was spätgotische Plastik in Süddeutschland bieten kann.

Im 15. Jahrhundert war Schmidmühlen auch Umschlagplatz für Sulzbacher Waren, da die Amberger ihnen den Zugang zur Vilsschifffahrt verwehrten. Sulzbacher Eisen wurde daher auf dem Landweg nach Schmidmühlen gebracht, um dann nach Regensburg verschifft zu werden. Die Amberger forderten die Einstellung der »*ohne jegliche Berechtigung ausgeübten Schifffahrt*«; 1457 verhandelten diesbezüglich der pfälzische Kurfürst und bayerische Herzog. Bedenkt man die vielen Verträge, die immer eine Einschränkung der Schifffahrt durch Schmidmühlen zum Inhalt hatten, scheint man sich in Schmidmühlen über die Jahrzehnte hinweg wenig um diese Beschränkungen gekümmert zu haben. Beide Seiten betonten in allen

Erasmus Grasser, Schöpfer der Münchner Moriskentänzer und wohl berühmtester Sohn Schmidmühlens, wird heute mit einem Denkmal vor dem Oberen Schloss geehrt.

diesen Streitigkeiten immer wieder ihre alten Privilegien, die zur Ausübung der Schifffahrt und zur Unterhaltung einer Warenniederlage berechtigen würden.

Da die Vils zwischen Amberg und Kallmünz durch zwei verschiedene Staatsgebiete floss, war vor allem der jährliche Zoll ständiges Streitobjekt, das über Jahrhunderte hinweg die Akten füllte. Die Amberger hatten ja den Nachteil, auf ihrer Fahrt nach Regensburg fremdes Staatsgebiet passieren zu müssen, was sie im Landshuter Erbfolgekrieg 1504 zu ändern versuchten, wie eine zeitgenössische Reimchronik berichtet: »*Nun will ich sagen von Schmidmühl / Denen hat man genommen viel / An St. Peter und Pauls tag / Wurden's übereilt zu mittag / Die von Amberg mit bezwangen / Haben 85 mann gefangen / Auch anderthalbhundert wägen g'laden / An fahrniß, haußrath thu ich sagen / Und haben es gen Amberg geführt / Manch bürger im haus gespürt / Dazu ein g'ladnes schiff mit salz / War ihnen gut zum eyr und schmalz.*« Hätte die Pfalz (und damit Amberg) diesen Krieg gewonnen, wäre durch den Wegfall von Grenzen das tägliche Leben an der Vils erheblich einfacher geworden. Amberg blieb aber pfälzisch und Schmidmühlen wurde jung-pfälzisches Gebiet und dazwischen lag weiterhin eine Landesgrenze. Jahrhundertelang wurde weiter gestritten, wer was und wann auf der Vils transportieren durfte. Die Amberger befuhren jeweils am Wochenende mit sechs Schiffen die Vils und nur der Ort Schmidmühlen durfte ein siebtes dem Konvoi zugesellen; dieses konnte allerdings nie voll beladen werden, da sich der Wasserschwall der Fälle oft schon verlaufen hatte, wenn die letzte Zille an der Reihe war und daher des Öfteren im Schlamm stecken blieb.

Amberg verteidigte seine Schifffahrt vehement über die Jahrhunderte hinweg. Auf dem Höhepunkt des Salzhandels wurde im Jahre 1757 die Amberger Schifffahrt sogar handstreichartig verstaatlicht und alle Schiffe samt Inventar konfisziert. Doch mussten die Regierenden sehr schnell feststellen, dass die Vilsschifffahrt keineswegs die erwarteten Einnahmen brachte, sondern stattdessen zum Zuschussbetrieb zu werden drohte. Der Salztransport auf dem Landweg stellte sich bald als der kostengünstigere heraus, so dass schließlich der Beschluss fiel, die Schifffahrt ganz aufzugeben. Trotzdem zog sich dieser schleichende Tod bei hohen Subventionskosten noch weiter hin, nicht ohne immer wieder sinnlose hohe Investitionen verschlungen zu haben: Erfolgreiche Lobbytätigkeit gegen die Interessen der Allgemeinheit ist nicht erst eine Erfindung unserer Tage! Nur ein Jahr vor der endgültigen Stilllegung der Vilsschifffahrt im 19. Jahrhundert waren noch 7000 Gulden zur Verbesserung der Fahrrinne investiert worden, was dem Gegenwert von knapp 20 Vilsschiffen entsprach!

Der Markt besaß drei Schlösser: das Obere Schloss im Renaissancestil aus der Zeit um 1600, das Untere Schloss, ehemals ein Hammerschloss, aus der Zeit um 1700 und das Zieglerschloss aus dem Jahre 1757. Das Obere Schloss war ein ehemaliger Hofmarkssitz, der aus einer Wasserburg hervorgegangen und schon im 13. Jahrhundert an die Wittelsbacher gefallen war. Als Bauherr der Anlage ist Georg Hausner überliefert, der zu dieser Zeit

Nach der Mündung der Lauterach führt die Vils ab Schmidmühlen deutlich mehr Wasser und erlaubt so eine stärkere Nutzung der Wasserkraft.

Pfleger zu Regenstauf war. Das Schloss weist jedoch eine lange Reihe von Besitzern und Nutzern auf, bevor es schließlich im 20. Jahrhundert über Jahrzehnte hinweg als Schulgebäude diente. Besonders interessant sind die profanen Wandmalereien im Renaissancesaal, z. B. die symbolischen Bilder der vier Jahreszeiten oder der christlichen Tugenden Glaube, Liebe, Hoffnung. Eine gründliche Restaurierung in den späten 70er Jahren ließ das Schloss wieder in neuem Glanz erscheinen und heute beherbergt es die Gemeindeverwaltung.

Der Bau des Zieglerschlosses war im Jahre 1757 vom Fabrikanten Johann Georg Felsner in Auftrag gegeben worden. Felsner war als viertes von sechs Kindern in ärmlichen Verhältnissen aufgewachsen, hatte sich mit 16 Jahren »auf die Walz« begeben und in Frankreich die Kunst der Schnupftabakdosenfertigung erlernt, ein damals einträgliches Gewerbe. Zurückgekehrt in seinen Heimatort, gründete er eine Dosenfabrik und ließ sich ein Schloss nach französischem Vorbild bauen. Die reinen Baukosten sollen sich auf 180 000 Gulden belaufen haben, eine für die damalige Zeit außerordentlich hohe Summe. Felsner hatte sich aber finanziell übernommen und das Schloss nur knapp zehn Jahre bewohnen können. Gut 100 Jahre später, im November 1896, fiel das Gebäude einem Großbrand zum Opfer, dessen Feuerschein bis weit ins Lauterachtal sichtbar war: »Morgens um 5 1/2 ist dieses

Auch das Hammerschloss in Dietldorf hat seinen Reichtum aus der Wasserkraft der Vils geschöpft.

Schloß, eine Zierde des Marktes, ein Raub der Flammen geworden. Daßelbe brannte fast zu gleicher Zeit an allen Ecken und Enden, was der Vermutung einer Brandstiftung großen Raum läßt. Von dem schönen Gebäude blieb nichts mehr als das Mauerwerk stehen.«

Das Hammerschloss Traidendorf mit seinem prachtvollen Wappen.

Die übrigen Nebenflüsse der Vils

Nebenflüsse des Oberlaufs

Die Frankenohe, zeitweise als Quellfluss der Vils angesehen (siehe Seite 10), ist heute wegen des Truppenübungsplatzes Grafenwöhr für die Allgemeinheit nicht zugänglich. Der Erbenbach mit seinem Quellgebiet bei Edelsfeld trifft kurz unterhalb der Frankenohe auf die Vils. Am Ammerbach liegt mit Ammerthal ein sehr geschichtsträchtiger Ort, der wohl bereits um 800 entstanden ist: Ausgrabungen haben eine mittelalterliche Burgmauer in Holzerde-Technik zu Tage gefördert. Die Lage der Burg am Ammerbach war strategisch gut gewählt, da die spitze, steil abfallende Ecke des Burgbergs einen sicheren Schutz bot. Der Fluss gab wohl dem Ort seinen Namen. Im frühen Mittelalter stand hier die mächtige Burg *Amardela*, deren befestigter Innenraum eine Fläche von gut zwei Hektar aufwies. Trotzdem wurde sie im Jahre 1003 vom Heer Heinrichs II. völlig zerstört. Ihr Besitzer Hezilo, Graf von Schweinfurt, hatte Heinrich bei seinen Bemühungen um die Kaiserkrone unterstützt, jedoch nicht die dafür versprochenen Gegenleistungen erhalten. Hezilo hatte daraufhin bei Hersbruck den Tross des Kaisers überfallen und dessen Silberschatz geraubt. Die folgende Strafexpedition führte zur vollständigen Zerstörung der Burg.

Das Schloss Sulzbach erstrahlt nach der jüngst abgeschlossenen Restaurierung in neuem Glanz.

Rosenbach: Sulzbach-Rosenberg – auf Eisen gebaut

Das Sulzbacher Birgland, dessen Name sich wohl von »Gebirge« ableitet, ist als Teil des Oberpfälzer Jura durch tief eingeschnittene Fluss- oder Trockentäler, bewaldete Bergkuppen und meist wasserarme Hochflächen gekennzeichnet. Seine westliche Grenze markiert mit Erhebun-

Maria Schnee in Atzlricht ist eine abseits gelegene Kirche im Ammerbachtal.

Der Ammerbach mit vielen kleinen Mäandern, ein kleiner Nebenfluss der Vils.

gen wie dem Poppberg (657 m), dem Ossinger (653 m) oder dem Breitenstein (610 m) gleichzeitig die europäische Wasserscheide. Weite Landstriche des Birglands sind heute noch ursprünglich, ja einsam und ruhig, obwohl das Vorkommen von Eisenerz die wirtschaftliche Entwicklung förderte.

Sulzbach am *Rosenbach* verdankt seine Bedeutung dem Montangewerbe. 1354 stattet Kaiser Karl IV. die Stadt mit dem Recht des Bergbaus im Sulzbacher Gebiet aus. Im Jahr darauf wird Sulzbach Hauptstadt von »Neuböhmen«, kehrt aber noch zu Lebzeiten Karls IV., der seine Hausmachtpolitik 1373 neu auszurichten beginnt, zu Bayern zurück. In der »neuböhmischen« Zeit wird eine eigene Reichsstraße zwischen Prag und Nürnberg geschaffen, die durch zahlreiche Burgen geschützt war und bald den Beinamen »Goldene Straße« erhielt; in Anlehnung an diese bedeutende Handelsverbindung im Straßennetz des Mittelalters ist auch die heutige Autobahn von Nürnberg nach Prag zur »*Via Carolina*« gewidmet. Sulzbach wird mit allerlei Sonderrechten gefördert; allein die Baufläche der Altstadt Sulzbachs verdreifacht sich in dieser Zeit, die durch die strategisch günstige Lage auf einem Bergsporn trotzdem gut zu sichern war. In einer päpstlichen Bulle von

Die Ausmaße des Schlosshofes künden von der einstigen Funktion Sulzbachs als bedeutende Residenzstadt.

1460 wird den Bergleuten Sonn- und Feiertagsarbeit erlaubt. Nach dem Landshuter Erbfolgekrieg (1505), in dem Sulzbach unter dem Landrichter Albrecht Stiber erfolgreich verteidigt worden war, fällt Sulzbach an Pfalz-Neuburg. Die ersten Herrscher werden die beiden zwei- und dreijährigen Buben Ottheinrich v. Phi-

Noch heute zeigt der steinerne pfälzische Löwe im Schlosshof, wer über Jahrhunderte hinweg das Sagen in Sulzbach hatte.

Die Ortschaft Gebenbach markiert die Wasserscheide zwischen der Vils (am gleichnamigen Gebenbach) und der Naab (dem Fensterbach).

lipp (siehe Seite 18), um deren (widerrechtliche) Erbfolge der Krieg ausgebrochen war; sie wurden zu gebildeten, kunstsinnigen und baufreudigen Regenten – und endeten im finanziellen Ruin. Trotzdem scheint immerfort gebaut worden zu sein. Ottheinrich II. etwa ließ die Burg zu einer »*fürstlichen Wohnung bauen*«, die »*dazumal sehr schlecht war*«: Er hatte »*das fürstliche Schloß anfahen zu bauen, und einen schönen grossen hohen fürstlichen Saal aufgeführet gegen die Stadt zu, item die Canzley, Dirniz, und andere schöne fürstliche Gemächer, so zum theil noch vorhanden, theils aber von Herzog Augusto noch vorhanden*«. Zum beachtlichen Schlosskomplex gehören der Saalbau mit dem Treppenturm und dem Schmuckportal, der Fürstentrakt und das Kanzleigebäude. Darin waren »*ordentlich fürstliche schöne stuben and cammern verfertigt auf perspektivisch, das wen man durch eine Thür gesehen, man alle Thürn durch und durch hat sehen können*«. Der letzte Herrscher, Karl Theodor, erbt am 31. Dezember 1742 alle pfälzischen Länder und wird am 30. Dezember 1777 schließlich gesamtbayerischer Erbe: Damit sind erstmals seit 1329 alle Wittelsbacher Lande wieder vereinigt. Sulzbach hatte aufgehört fürstliche Residenz zu sein.

Erst seit 1934 ist der Ortsname durch die Zusammenlegung mit Rosenberg nicht mehr zu verwechseln: Sulzbach-Rosenberg existiert nur einmal in Deutschland, der Ortsname Sulzbach noch mehr als zwei Dutzend Mal! Was den Ortsnamen ebenfalls einmalig macht, ist die Existenz der »Maxhütte«. Vor rund 150 Jahren während König Maximilians II. Regierungszeit gegründet, war das Eisenwerk für lange Zeit bedeutendstes Industrieunternehmen der Region. Allerdings war 25 Jahre nach der Gründung das »Aus« schon beschlossene Sache gewesen, da die Verhüttung der lokal geförderten phosphatreichen Erze nicht konkurrenzfähig war (»*wonach in einer ... Generalversammlung der Eisenwerkgesellschaft Maximilianshütte ... sofort ein Liquidations-Ausschuß gewählt werden solle*«). Es zeugt jedoch von der Weitsicht der damaligen Betriebsleitung, dass sie in dieser aussichtslosen Zeit sofort die Bedeutung des neu erfundenen Thomas-Verfahrens erkannte und umsetzte: Sidney Gilchrist Thomas (*1850) hatte in den Jahren 1875 bis 1879 eine neue Methode zur Entphosphorisierung des Roheisens entwickelt, indem er die verwendeten Konverter mit gebranntem Dolomit ausfüttern ließ; dadurch konnte dem Roheisen das enthaltene Phosphat quantitativ entzogen und hochwertiger Stahl produziert werden. Dank des neuen Verfahrens wurde der Rosenberger Betrieb schnell zum »*dynamisch wachsenden integrierten Hüttenwerk*«. Heute jedoch, wo sowohl Kohle als auch Eisenerz angeliefert werden müssen, ist die Zukunft wieder unsicher, zumal innerhalb kurzer Zeit bereits ein zweites Konkursverfahren eröffnet werden musste.

Krumbach: **mit Kümmersbruck an der Mündung**

Der Krumbach fließt gleich in die »richtige« Richtung nach Süden und weist über viele Kilometer einen erstaunlich parallelen Verlauf zur Vils auf, bis er sich bei der Ortschaft Moos mit einer scharfen Wendung der Vils zuwendet und bei Küm-

Ebermannsdorf mit seinem malerischen Ensemble von Schloss und dazugehöriger Kirche liegt an einem kleinen Zufluss zur Vils.

mersbruck mündet. Im mauerbewehrten Wasserschloss Moos, dessen Gräben längst verfüllt sind, war 1621 Geschichte geschrieben worden, als der siegreiche Bayernherzog Maximilian die Stadtschlüssel von den Amberger Stadtvätern und damit die Kapitulation entgegennahm. Nur wenige Jahre vorher hatte das pfälzische Amberg eine günstige Entwicklung zu erwarten: Pfalzgraf Friedrich hatte mit 17 Jahren in einer prunkvollen Hochzeitsfeier die englische Königstochter Prinzessin Elisabeth geheiratet; mit 23 schien er sogar das große Los gezogen zu haben, als ihn die böhmischen Stände im August 1619 zum König von Böhmen wählten. Von Elisabeth ist in diesem Zusammenhang der Ausspruch überliefert, dass sie lieber mit einem König Sauerkraut als mit einem Kurfürsten Braten essen würde. Diese Königswahl war jedoch ein Affront gegen das Haus Habsburg, dem der böhmisch-pfälzische Krieg folgte. Wie im Landshuter Erbfolgekrieg ein gutes Jahrhundert zuvor standen sich wieder Wittelsbacher gegenüber, da der bayerische Herzog Maximilian sich auf die Seite des Habsburger-Kaisers schlug. Die Lage der Böhmen schien anfangs gut zu sein, zumal Hoffnungen auf mehrere starke Bundesgenossen gegeben waren. Am 8. November 1619 wurde jedoch das Heer Friedrichs nahe Prag vernichtend geschlagen. Friedrich, über den »*des böhmischen Unwesens wegen*« die Reichsacht verhängt wurde, floh zu seinem Schwiegervater König Jakob I. nach London. Er starb bereits 1632 mit 36 Jahren im Exil und wurde aufgrund seiner kurzen Regierungszeit als »Winterkönig« bezeichnet. Maximilian bekam als Entschädigung für die Kriegskosten die Oberpfalz zugesprochen, zudem die Kurwürde der Pfalz und sogar Oberösterreich als vorübergehendes Pfand.

Kümmersbruck an der Mündung des Krumbachs ist heute ein großer Ort mit ausgedehnten Siedlungen. Dies war nicht immer so. Die Hofmark »*Chumprehtsprucc*« war nicht groß genug gewesen, um wirtschaftlich autark zu sein. Trotzdem machte ein Kümmersbrucker Karriere und wurde in Rom auf der Tiberbrücke anlässlich der Kaiserkrönung von Ludwig dem Bayern zum Ritter geschlagen. Nach dem Aussterben der Kümmersbrucker besaß jedoch keine Familie die Hofmark länger als zwei Generationen: Der Ort scheint auch ein häufiges Handelspfand gewesen und ständig verkauft oder getauscht worden zu sein.

Am Beispiel eines Trockentals bei Lengenfeld wird der Flächenbedarf traditioneller Besiedelung im Vergleich mit dem heutigen Ortsteil deutlich.

Im ehemaligen Wasserschloss Moos wurden dem bayerischen Herzog vor knapp 400 Jahren die Schlüssel der Stadt Amberg übergeben.

Forellenbach: Hohenfels – eine Asamkirche für die Quelle

Der Forellenbach ist schließlich der letzte Zulauf vor der Vilsmündung; er wird von einer kräftigen Karstquelle aus einer Maueröffnung der Barockkirche zu Hohenfels gespeist, bezieht aber auch Wasser aus dem Sterzenbach. Die Lage der Kirche unterstreicht die besondere Bedeutung des Wassers in der Region. Auch die Schwarze Laber beispielsweise entspringt in Sichtweite einer Kirche. Die Sebastianskirche im nahen Breitenbrunn steht ebenfalls über einer Quelle.

Das Hohenfelser Land war bereits zur Keltenzeit dicht besiedelt, was zahlreiche Grabhügel aus jener Zeit bezeugen. Im Mittelalter war eine wehrhafte Burg in Hohenfels das Zentrum der Besiedlung; der steil abfallende, lang gestreckte

Die Kirche von Hohenfels, hier vom Schlossberg aus gesehen, ist auf einer Karstquelle erbaut und birgt ein Deckengemälde von Cosmas Damian Asam.

Schlossberg lässt die hervorragende strategische Lage dieses Felssporns erkennen. Im Jahre 1375 kamen Ort und Burg an die Pfalz, obwohl lange Zeit keine direkte Landverbindung zur eigentlichen Pfalz nach Amberg bestand (Hohenburg war ja bischöflich-regensburgisch). Später wurde die Burg als ein »*altes mit einer Ringmauer umgebenes und mit zwey grossen dicken Thürnen ohne Cupl versehenes Schloß, in welchem ein Brunnen, so in der Tieffe dem Marckt gleich, und eine mit Ziegl-Steinen gepflastert wohl gemachte Schneggen-Stiegen hinabgehet, zu sehen ist*«, beschrieben. Die Burg »auf dem hohen Fels« wurde schließlich an Privatleute zum Abbruch verkauft und bis auf den Turm vollständig abgetragen.

Das wertvollste Kunstwerk in Hohenfels ist ein Deckengemälde von Cosmas Damian Asam, das in der Barockkirche die

Entscheidungsschlacht gegen die Ungarn im Jahre 955 auf dem Lechfeld darstellt. Die Ungarn hatten in den Jahren davor immer wieder Schrecken und Verwüstung über viele europäische Länder gebracht, indem sie mit schnellen, wendigen Reiterheeren sogar bis nach Frankreich eingefallen waren. Lange Zeit war das Militär ratlos und erfolglos angesichts dieser neuen Art mobiler Kriegsführung gewesen und hatte auf das Einmauern als Strategie gesetzt. Auf dem Reichstag von Worms war die Burgenordnung verabschiedet worden, die den Bau von Burgen zur Festigung und Sicherung des Landes vorsah. Die Ungarnstürme hatten viele blühende Siedlungen in den neuen Rodungsgebieten wieder ausgelöscht. Auf dem Lechfeld kam es schließlich zu einer vernichtenden Niederlage der Ungarn.

Ein besonderes Merkmal gerade im Hohenfelser Land ist die stets latente Wasserarmut. Dies hat seine Ursache nicht in zu geringen Niederschlägen, als vielmehr in der großen Wasserdurchlässigkeit des Untergrundes. Diese Wasserarmut war es auch, die die Militärs gerade das Juragebiet zwischen Hohenfels und Hohenburg für den Standort des zweiten Truppenübungsplatzes der Oberpfalz auswählen ließ. Es war zudem dünn besiedelt, wies die höchste Säuglingssterblichkeit innerhalb Deutschlands auf und erzielte bescheidene Bodenerträge. Jeder Tropfen

Über einen steilen Albhang inmitten von Hohenfels führt der Kreuzweg auf den Kalvarienberg.

In Rohrdorf, ebenfalls Sitz eines Hammerschlosses, nimmt die Vils mit dem Forellenbach ihren letzten Nebenfluss vor der Mündung in die Naab auf.

Regenwasser wurde mühsam in Zisternen gesammelt; darüber hinaus mußte das Wasser für Mensch und Vieh mit großem Aufwand von Wasserträgern oder Fuhrwerken von der Lauterach, der Vils oder vom Forellenbach hochgebracht werden. Es kam vor, dass an den beiden starken Quellen in Hohenfels bis zu 100 Fuhrwerke zum Wasserschöpfen anstanden. Welches Elend damals herrschen musste, kann aus dem Versetzungsgesuch eines Volksschullehrers aus dem Jahre 1937 erahnt werden: »*Hier herrschen Wasserversorgungsverhältnisse, wie man sie in einem Staat wie Deutschland nicht für möglich hält. Aus der Schulhauszisterne, gespeist von Dachwasser, muß das Wasser mit Kübeln an einer Stange aus sieben Metern Tiefe geschöpft werden. Als meine Frau im vorigen Sommer von einem Knaben entbunden wurde, mußte die ganze Wäsche nach Regensburg geschickt werden, da einfach kein Wasser da war und sich die Bauern während der Ernte nicht Zeit nehmen konnten, neben ihrem eigenen Wasserbedarf auch noch täglich für das Schulhaus Wasser zu fahren …*«

Der kleine Forellenbach hat vor kurzem zu einem Eintrag ins Guinnessbuch der Rekorde beigetragen, als in einem »Schlauchmarathon« Wasser von Hohenfels nach Amberg über eine Strecke von 45,8 km gepumpt worden war. Rund 3000 Teilnehmer aus 352 Freiwilligen Feuerwehren hatten im Juni 1999 zum ersten Mal einen Wasserschlauch dieser Länge zusammenschrauben und zum Funktionieren bringen können. Bis dahin war der Weltrekord von Thüringer Kollegen mit

Die Markierungen von historischen Hochwasserständen an Amberger Hauswänden zeigen, dass die kleine Vils zeitweise auch andere Dimensionen annehmen kann.

17 km gehalten worden. Rund 6000 l Wasser waren durch den »Rekordschlauch« aus dem Forellenbach nach Amberg in die Vils gepumpt worden. Eine weitere »Leistung« sieht man dem Flüsschen ebenfalls nicht an: Das Hochwasser im Februar 1909 hatte manche Häuser in der Marktstraße bis zum ersten Stockwerk überflutet.

Biologische Auslesen

Ökologische Streifzüge

Pflanzenwelten werden von geologischen, topographischen und klimatischen Gegebenheiten beeinflusst. Manche Pflanzen sind ausgesprochene Kalkanzeiger, andere wiederum sind kaum von der Bodenbeschaffenheiten abhängig. Halbtrockenrasen oder Wacholderheiden beispielsweise benötigen sonnige, trockene Südhänge, tolerieren Wasser- und Mineralstoffarmut, weisen aber einen großen Artenreichtum an Flora und Fauna auf. Solche Pflanzengesellschaften sind aufgrund der geographischen Ost-West-Ausrichtung der Vilstalhänge im Vilstal seltener als im benachbarten Lauerachtal zu finden. Die eigentliche ökologische Heimat der Halbtrocken- und Trockenrasen mit den vielen Wärme liebenden Steppenheidepflanzen liegt in Süd- und Südosteuropa; in unseren Breiten kamen sie ursprünglich nur an manchen felsigen Standorten vor, wo im flachgründigen Boden kein Wald aufkommen konnte. Ständige Beweidung hatte jedoch viele solche unbewaldete Flächen geschaffen, die erst heutzutage zunehmend »verbuschen« oder gar wieder zu Wald werden: Für die einen ein Grund zur Klage, für andere der Gang der Natur. Diese Kontroverse zieht sich häufig quer durch den Naturschutz: Sollen mit nicht unbeträchtlichen finanziellen Mitteln unter ständiger Pflege Biotope am Leben erhalten oder soll die Natur sich selbst überlassen werden, was in letzter Konsequenz zur Verdrängung bestehender Flora und Fauna führen würde? Soll ein künstlich geschaffener, aber biologisch sehr wertvoller Lebensraum durch ständiges Eingreifen erhalten werden – kritische Zeitgenossen sprechen gar von Disneyland-Landschaften – oder soll die Natur unberührt von Menschenhand bleiben? Früher stellte sich diese Frage nicht, da jeder Quadratmeter Land für den Anbau von Nahrungs- und Futtermittel gebraucht wurde, heute ist dies eine gesellschaftliche Frage, weil nicht unbeträchtliche öffentliche Gelder für den Erhalt eingesetzt werden.

Wacholder (*Juniperus comunis*) findet sich beispielsweise bei Rohrbach oder Stettkirchen. Seine Verbreitung wurde durch die ständige Beweidung von Schafen begünstigt, da die stachelige Pflanze nicht gefressen werden kann. Die säulenartig wachsenden Büsche (althochdeutsch: *wehalter* [=immergrüner Baum]) verleihen im Wechsel mit anstehendem Fels Jurahängen eine herbe Schönheit. Wacholder und Wacholderbeeren gelten seit alters als Heilmittel, beispielsweise fand Rauch aus Wacholder in Pestzeiten rege Verwendung. Wacholderbeeren werden als Gewürz oder als Zusatz zu alkoholischen Getränken verwendet. Die Silberdistel (*Carlina acaulis*) mit ihrer an den Boden gepressten Form und den dornigen, tief gezähnten, silbrig-weißen Blättern ist ebenfalls häufig auf beweideten Trockenrasen vertreten. Sie wird auch Wetterdistel

genannt, da sich die abgestorbenen Blätter bei trockenem Wetter nach außen, bei feuchtem nach innen bewegen. Natürliche Ufer, unbewirtschaftete Feldraine und ungemähte Wiesenflächen stellen wichtige Lebensräume für Pflanzen und Tiere dar. Spinnen sind ein guter biologischer Indikator für intakte Ökosysteme, da sie ungestörte Natur für den Bau ihrer Netze (also zum Beutefang) und zum Überwintern benötigen. Besonders der Morgentau zeigt die Reviere anhand der sichtbar gewordenen Netze. Die Kreuzspinne (z. B. *Araneus diadematus*) mit weißer Kreuzzeichnung auf dem Abdomen oder die weniger bekannte Baldachinspinne (z. B. *Linyphia triangularis*), die ihren Namen von der für sie typischen Netzbauweise herleitet, kommt im Vilstal noch häufig vor.

Am Uferstreifen, in unmittelbarer Nähe zum Wasser, finden sich häufig Schwarzerlen (*Alnus glutinosa*); sie bevorzugen feuchte, tiefgründige Standorte, sorgen für Beschattung des Gewässers und sind eine ökologisch wichtige Pufferzone zu landwirtschaftlich genutzten Flächen. Erlen zeichnen sich durch den Besitz von knöllchenartig verzweigten, bis zu faustgroßen Wurzelwucherungen aus, in denen Mikroorganismen Luftstickstoff binden können und so für eine eigene »Düngung« sorgen. Erlenholz, das sich im Anschnitt rasch braunrot verfärbt und neuerdings in der Möbelherstellung bevorzugt wird, weist einen hohen Gerbsäureanteil auf und ist daher sehr widerstandsfähig gegen Fäulnis.

Auf den oft mineralstoffarmen Böden des tertiären Bruchschollenlandes wachsen heute hauptsächlich Kiefern (*Pinus sylvestris*). Sie haben ein weiches Holz, das jedoch aufgrund des hohen Harzgehaltes sehr widerstandsfähig gegen Feuchtigkeit ist. Der bis zu 40 m hohe Baum mit seiner charakteristischen Pfahlwurzel und der unregelmäßig ausladenden Schirmkrone braucht viel Licht, ist aber ansonsten anspruchslos. In der Vergangenheit wurden den Kiefernwäldern durch die exzessive Streunutzung wichtige Mineralstoffe entzogen; da Stroh mit Heu vermischt zur Tierfütterung verwendet wurde, diente diese Streu als Strohersatz. Dass ein derartiger fortgesetzter Substanzentzug das Waldwachstum nachhaltig beeinträchtigt, war den Bauern bekannt, sie mussten es aber in Kauf nehmen, da sie auf die Streu angewiesen waren. Aufgrund des vorherrschenden Nadelwaldes ist der Herbst am Oberlauf der Vils bei weitem nicht so farbenprächtig wie an den Jurahängen des Unterlaufs, wo Rotbuchenwälder (*Fagus silvatica*) prägend sind. Allerdings ist anzumerken, dass die ursprünglichen Wälder heute allesamt gerodet sind und einer intensiven Waldnutzung unterzogen wor-

oben links:
Die Eberesche *(Sorbus aucuparia), im Volksmund auch Wilde Vogelbeere genannt, ein schnell wachsender Pionierbaum.*

oben rechts:
Das dreilappige Leberblümchen (Hepatica nobilis) *ist ein typischer Frühblüher in Laubwäldern, da die Lichtmenge am Waldboden zu einem späteren Zeitpunkt im Jahr infolge dichter Belaubung zum Blühen nicht mehr ausreichen würde.*

unten links:
Die Hainbuche (Carpinus betulus) *ist leicht an ihren länglich eiförmigen und zugespitzten Blättern zu erkennen.*

unten rechts:
Rotgelbe Weichkäfer (Rhagonycha fulva) *sind häufige Gäste auf Doldenblütlern, deren Nektardrüsen auch den kurzen Mundwerkzeugen dieser Käfer zugänglich sind.*

den sind. Der landwirtschaftliche Ertrag der Böden war oft eher kärglich: So berichtet ein Schreiben von 1832 an König Ludwig I. über eine »*von der Natur stiefmütterlich behandelte Oberpfalz, in welcher größtenteils nur Haber, Flachs und Kartoffel reifen*«.

Umweltschutz und Naturschutz im Vilstal

Flüsse und Auen, »Biotope des Jahres 2000«, sind in ihrer Bedeutung für den Erhalt der Artenvielfalt anerkannt. Zumindest bei kleinen Flussläufen ist man also dabei, von einer einseitigen Naturnutzung (Wasserkraft, Schifffahrt, Landwirtschaft) abzugehen und Naturschutz als gesellschaftliches Ziel anzuerkennen. Mit der Wasserqualität der Vils etwa war es im Laufe der letzten tausend Jahre nicht immer zum Besten gestellt; erst seit einigen Jahren scheint es wieder aufwärts zu gehen: Bevor die neue Kläranlage bei Theuern in Betrieb ging, war das Wasser unterhalb Ambergs »sehr stark verschmutzt« (Wassergüte III–IV), heute ist es »kritisch belastet« (Wassergüte II–III). Die Vils kann uns also durchaus Hoffnung im Hinblick auf Natur- und Umweltschutz machen. Gewässergüten werden heute nach einem einheitlichen Verfahren bewertet. Chemische Messwerte zeigen Momentaufnahmen hinsichtlich bestimmter Stoffbelastungen. Beispielsweise ist das Quellwasser der Vils bei Kleinschönbrunn »kritisch bis mäßig belastet«, da landwirtschaftlich bedingt relativ hohe Nitrat- und Phosphatwerte vorliegen. Eine biologische Bewertung mit Hilfe von »Zeiger-Organismen« liefert ein langfristigeres Bild der Wasserqualität. Man macht sich dabei die Tatsache zunutze, dass Wasserlebewesen unterschiedlich sensibel auf bestimmte Wasserqualitäten reagieren. So lassen sich zum Beispiel Mondalgen und Steinfliegenlarven nur in unbelastetem Wasser finden, während Schlammröhrenwürmer und Pantoffeltierchen nur in stark verschmutztem vorkommen. Nur der Rosenbach ist heute noch »stark verschmutzt« (III) bis »kritisch belastet« (II–III). Zusätzlich liegt durch die Einleitung industrieller Abwässer seitens der »Maxhütte« (siehe oben) eine nicht unbeträchtliche Schwermetallbelastung vor. Am Rosenbach ist somit der alte Interessenskonflikt noch offenkundig, dass Ressourcen wie Wasser und Luft für den individuellen Gewinn Einzelner verbraucht werden.

Der Juraboden lässt Niederschlagswasser schnell versickern. Mit dem Regenwasser können Pflanzenschutzmittel, die von der Landwirtschaft auf Felder ausgebracht werden, ins Grund- und Trinkwasser übergehen: Vor allem die Stoffe Atrazin oder Desethylatrazin können eine unrühmliche Rolle spielen, obwohl deren Ausbringen längst verboten ist. Die europaweit festgelegten Grenzwerte für diese Gefahrenstoffe müssen daher manchmal auch im Vilstal per Ausnahmegenehmigung erhöht werden. In einem kürzlich veröffentlichten Leserbrief einer Lokalzeitung wurden diese (legalen) Praktiken treffend damit verglichen, dass mit gleicher Berechtigung ebenso Promillegrenzen im Straßenverkehr oder Geschwindigkeitsbegrenzungen straflos um das Zwei- bis Dreifache überschritten werden könnten. Noch ist es nicht allgemeines Bewusstsein in unserer Gesellschaft, dass Umweltverschmutzung Diebstahl am Allgemeingut darstellt.

Seit Inbetriebnahme der neuen Kläranlage südlich von Theuern hat sich die Wasserqualität der Vils erfreulich verbessert.

Umwelt- und Naturschutz ist nicht nur auf den Flusslauf begrenzt. Auch der Betrieb von Steinbrüchen stellt einen schwerwiegenden Eingriff in Ökosysteme dar, der den gesellschaftlichen Zwiespalt zwischen wirtschaftlicher Nutzung und ökologischer Bewahrung aufzeigt: Pflücken Wanderer geschützte Pflanzen, machen sie sich strafbar, großflächige Eingriffe in den Naturhaushalt werden jedoch zugelassen. Unsere Gesellschaft ist zwar gottlob kritischer geworden, nachdem jahrhundertelang Entscheidungen immer zugunsten von Nutzungen gefallen waren: In den vergangenen Jahrzehnten ist eine Streitkultur zwischen den Interessen der Ökologie und Ökonomie entstanden! In diesem Zusammenhang sollten auch die nicht unerheblichen Aufwendungen bedacht werden, wenn naturnahe Bedingungen wieder hergestellt werden sollen. Allein rund drei Millionen Mark Kosten, vor Jahren im Zuge der Landesgartenschau in Amberg für die Renaturierung eines kleinen Teilstücks der Vils eingesetzt, machen die Kosten einer Abkehr vom jahrhundertelangen Optimierungsdenken deutlich.

»FFH« als Abkürzung für Flora (Pflanzenwelt), Fauna (Tierwelt), Habitat (Lebensraum), ist das Kernstück einer EU-

Am Oberlauf der Vils sind manche Zuflüsse zu einer Reihe einzelner Fischweiher aufgestaut.

Wie die Spur eines Skifahrers verläuft die Autobahn über die Alb nach Westen.

Im Rahmen der Landesgartenschau 1996 ist in Amberg ein in früheren Zeiten begradigter Vilsabschnitt wieder »renaturiert« worden.

Richtlinie, die Schutzgebiete zur Erhaltung natürlicher Lebensräume rechtlich absichern soll. Erklärtes Ziel ist dabei die Schaffung eines europaweit zusammenhängenden ökologischen Netzes. Nachhaltiger Umgang mit Natur und Artenbestand sollte eigentlich selbstverständlich sein. Trotzdem waren über Monate hinweg die Lokalteile der Zeitungen voll von Bedenken, die im Vorwurf von »enteignungsgleichen Eingriffen« gipfelten, weil man mittelfristig »Auflagen« befürchtete: Allein aus der Oberpfalz sind rund 4000 Einwände erhoben worden. Bayernweit waren ursprünglich gut zehn Prozent der Landesfläche zur Meldung vorgesehen, bevor unter dem Druck einzelner Interessensgruppen Streichungen schließlich nicht einmal drei Prozent der Gesamtfläche übrig ließen! Dabei geht es um ein Thema, das jeden betrifft und betroffen machen sollte, nämlich den Erhalt des ökologischen Gleichgewichts.

Die Wunschliste engagierter Zeitgenossen für das Vilstal ist lang: Es wären Überschwemmungsgebiete zu schaffen, Uferstreifen aus landwirtschaftlicher Nutzung freizukaufen, Entnahmen aus

Die säulenartigen Wacholderstauden (Juniperus communis) sind auf vielen Trockenrasen typische Büsche.

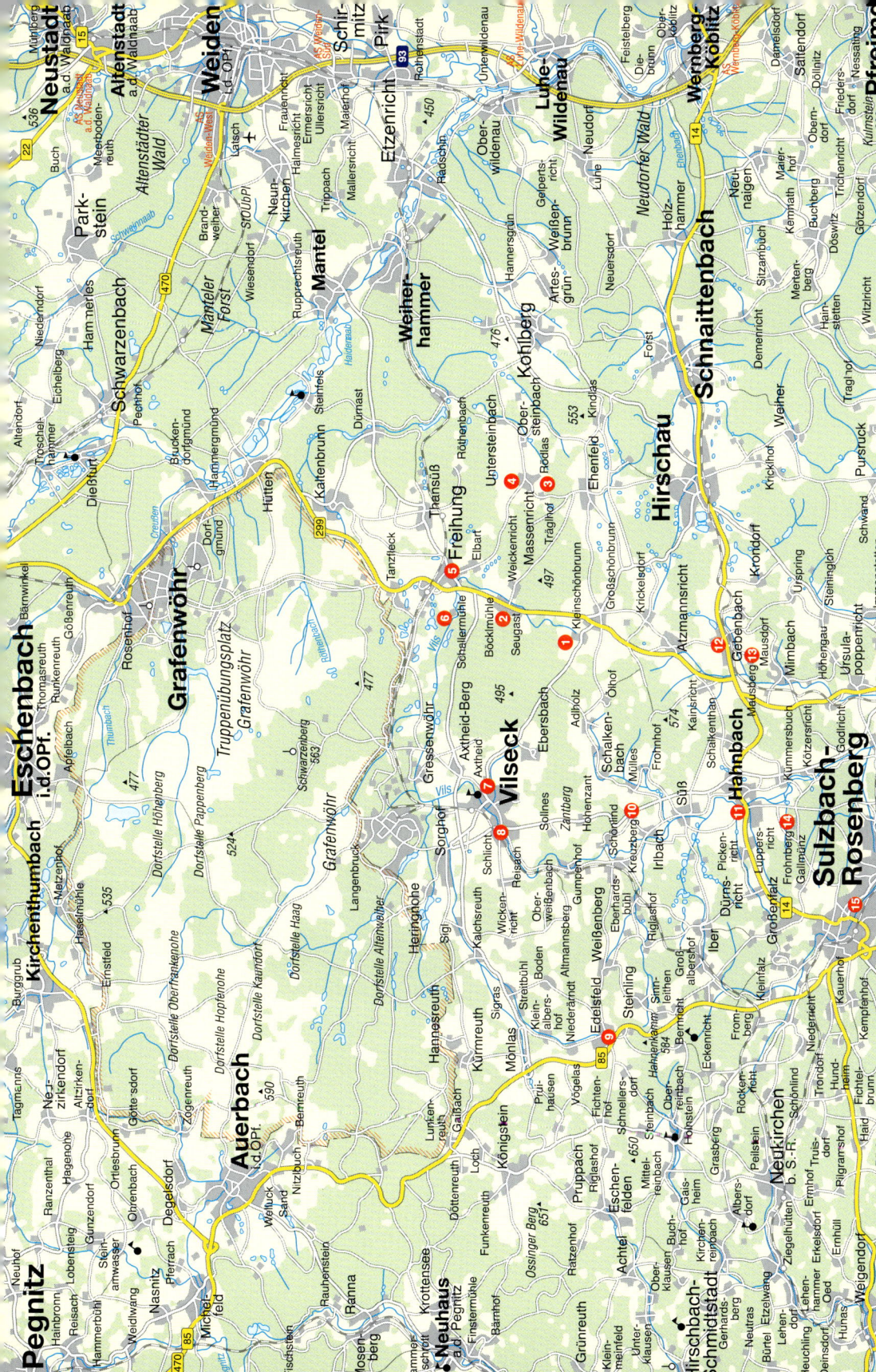

Hartmann, J., Vogl, E. (1999): Eisenerz und Morgenglanz. Geschichte der Stadt Sulzbach-Rosenberg. Amberg.

Helml, S. (1989): Die Maxhütte. Bergbau in Sulzbach-Rosenberg und Auerbach. Amberg.

Hierold, E. (1972): Eine alte Stadtansicht von Vilseck. Oberpfälzer Heimat, 16, 61–68.

Hofbauer, J. (1980): Ostbayern. Vom Leben und Brauchtum. Regensburg.

Hofmann, F.H. (1906): Die Kunstdenkmäler des Königreichs Bayerns. Band IV, Bezirksamt Parsberg; Band XV, Bezirksamt Amberg; Band XIX, Bezirksamt Sulzbach. München.

Kunisch, J. (1986): Absolutismus. Europäische Geschichte vom Westfälischen Frieden bis zur Krise des Ancien Régime. Göttingen.

Laßleben, J.B. (1904): Kallmünz, die Perle des Naabtales. [Nachdr. 1995] Kallmünz.

Liedl, M. (1974): Nordfilusa = Vilshofen. Oberpfalz, 64, 197-202.

Meyer, W. (1963): Dome und Kirchen in Bayern. Frankfurt.

Meyer, W. (1965): Klosterkirchen und Klöster in Bayern. Frankfurt.

Nöhbauer, H.F. (1987): Die Chronik Bayerns. Dortmund.

Orlop, N. (1979): Von Garibald bis Ludwig III. Herzöge, Kurfürsten und Könige in Bayern. München.

Ostermann, R. (1995): Kriegsende in der Oberpfalz. Regensburg.

Pfistermeier, U. (1996): Im Herzen der Oberpfalz. Das Amberg-Sulzbacher Land. Amberg.

Renner, J. (1993): Zerstörte Heimat Hohenfels. Großmering.

Rupprecht, B. (1987): Die Brüder Asam – Sinn und Sinnlichkeit im bayerischen Barock. Regensburg.

Rutte, E. (1992): Bayerns Erdgeschichte. München.

Schmidt, O. (1978): Amberger Vils-Schiffe. Oberpfälzer Heimat, 22, 65-70.

Schnell, H., Krauß L. (1991): Kastl/Oberpfalz. München.

Schöning, K. (1990): Kleine bayerische Geschichte. Grafenau.

Sieghardt, A. (1977): Oberpfalz. Heroldsberg.

Soffner, M. (1997): Amberg. Wallfahrtskirche Mariahilf. Passau.

Spitta, W., Morsbach, P. (1992): Die Oberpfalz. Regensburg.

Sturm, H. (1972): Die Landkreiswappen im Regierungsbezirk Oberpfalz. Regensburg.

Sturm, H. (1980): Das wittelsbachische Herzogtum Sulzbach. Weiden.

Wächter, K. (1992): Auf den Spuren von Rittern und Edelleuten. Amberg.

Wasserwirtschaftsamt Amberg. Arbeitsblätter zur Vils. Amberg.

Weichselgartner, A.J., Molodovsky, N. (1975): Die Familie Asam. Freilassing.

Wolf, A. (1998): Die Entstehung des Kurfürstenkollegiums 1198–1298. Idstein.

Wolf, H. (1996): Gold im Herzen Europas. Theuern.

Wolfsteiner, A., Setzwein, B., Jäger, K., Moser, G. (1998): Die Naab. Amberg.

Wollschläger, H. (1987): Die Dunkelmänner. In: Bamberg – Fränkische Schweiz (Hrsg. W. Keller). Hamburg.

Zinner, T. (1982): Alte Bergwerkskarte von Freihung. Oberpfälzer Heimat, 26, 111-121.

Zitzelsberger, H. (1988): Ensdorf. München.

Zitzelsberger, H. (1991): Chronik von Ensdorf. Ensdorf.

Ausgewählte Literatur

Altenburg, D. (1995): Andreas Raselius. In: Gelehrtes Regensburg. Regensburg. 131–132.

Batzl, H. (1968): Chronik der Gemeinde Kümmersbruck. Kümmersbruck.

Batzl, H. (1985): 250 Jahre Garnison in Amberg. Kallmünz.

Batzl, H. (1992): Chronik der Marktgemeinde Hahnbach. Hahnbach.

Becker, H.J. (1997): Der Pfälzer Löwe in Bayern. Regensburg.

Behringer, W. (1988): Mit dem Feuer vom Leben zum Tode. München.

Benker, G. (1981): Heimat Oberpfalz. Regensburg.

Bergler, H. (1965): Die Natur des Landkreises. In: Der Landkreis Amberg. (Hrsg. H. Raß). Kallmünz.

Binder, B. (1989): Mittelalter in Ostbayern. München.

Boegl, H. (1981): Juralandkreis Neumarkt in der Oberpfalz. Neumarkt.

Bogner, F. (1999): Im Tal der Schwarzen Laber. Regensburg.

Böhm, P. (1996): Vor 100 Jahren brannte das Zieglerschloß in Schmidmühlen. Oberpfalz, 85, 104-107.

Conrad, M. (1987): Wandern im Vils- und Lauterachtal. Amberg.

Dähne, R. (1988): Die Bayerische Eisenstraße. München.

Dähne, R., Moser, G. (1996). Vierzehn Heilige und zwölf Apostel. Kunst in Kirchen und Klöstern. Amberg.

Dettelbacher, W. (1980): Oberpfalz, Bayerischer Wald, Niederbayern. Köln.

Diepolder, G. (1969): Bayerischer Geschichtsatlas. München.

Dümmler, P. (1973): Die alte Vils-Schiffahrt. Oberpfälzer Heimat, 17, 7-28.

Eichenseer, X. (1991): Der Markt Schmidmühlen in der Oberpfalz. Amberg.

Emmerich, E. (1986): Johann Baptist Laßleben. Oberpfalz, 74, 257-266.

Fendl, J. (1984): Burgen und Ritter. Regensburg.

Fick, H. (1981): Chronik der Stadt Vilseck. Vilseck.

Finke, M. (1998): Sulzbach im 17. Jahrhundert. Regensburg.

Freudenberger, W., Schwerd, K. (1996): Erläuterungen zur Geologischen Karte von Bayern. München.

Glockner, G. (1978): Bleibergwerk Freihung. Oberpfälzer Heimat, 22, 57-64.

Götschmann, D. (1985): Oberpfälzer Eisen. Theuern.

Götschmann, D. (1985): Amberger Erz und Oberpfälzer Eisen. In: Ein Jahrtausend Amberg. (Hrsg. H. Bungert, F. Prechtl). Regensburg.

Goldner, J., Bahnmüller, W. (1986): Erasmus Grasser. Freilassing.

Greindl, G., Weiß-Cemus, J. (1990): Niederbayern – Oberpfalz. München.

Griesbach, E. (1988): Truppenübungsplatz »Hohenfels«. Behringersdorf.

Grimminger, C. (1999): Leben und Werk des Barockmalers Otto Gebhard (1703–1773) von Prüfening. Eichstätt.

Grund- und Oberflächenwasser zu beschränken, Auwälder wieder zuzulassen, natürliche Sukzessionen wieder zu ermöglichen, Flachwasserzonen zuzulassen, versiegelte Flächen und künstliche Uferbefestigungen wieder »zurückzubauen« oder schlichtweg: der Vils auf manchen Strecken wieder eine Eigendymanik zu ermöglichen. Manches wird noch lange Wunsch bleiben, da zum Beispiel den meisten Stauwerken der Vils zeitlich unbefristete Altrechte zugestanden sind. Jährliche Ersatzzahlungen der Allgemeinheit an Grundstückseigentümer, nur damit diese bestimmte Nutzungen und Schädigungen unterlassen, sind heute noch übliche Praxis, aber moralisch und finanziell gesehen zweifelsohne keine Dauerlösung. Die Vils hat eine lange Siedlungsgeschichte erfahren und dabei manchen Wohlstand erst möglich gemacht. Ein Reisebericht des Jahres 1765 vermerkt über die Vils: *»Es gibt treffliche Fische darin, absonderlich gute Krebs; aber die Amberger Schiff, die nach Regensburg um Salz gehen, thun ihnen sehr großen Schaden.«* Nach einem langen Jahrtausend der Ausnutzung, die nicht selten im Kampf um das tägliche Brot geschah, sollten wir heute versuchen, die Vils wieder verstärkt sich selbst zu überlassen. Bedenken wir, dass Flüsse einen (Erholungs-)Wert für unsere Gesellschaft haben und manche Nutzungen nicht mehr lebenswichtig sind! Ein wichtiger Schlüssel zu einer erfolgreichen »Re-Naturierung« wird in der Überzeugungskraft des Geldes liegen, um bestehende Nutzungsrechte aufzukaufen. Man geht im gesamten Einzugsgebiet der Vils allein von einem Landbedarf von knapp 700 ha für die Re-Naturierung aus. Einen Teil des nötigen Geldes wird hierbei (notgedrungen) die Allgemeinheit über Steuern finanzieren und vom lokal verfügbaren »Steuerkuchen« abgeben müssen. Einen weiteren Anteil sollten konsequent all jene beisteuern müssen, die dem Fluss und dem Tal Schaden welcher Art auch immer zufügen (dürfen). Schließlich könnte ein letzter Teil von einem mehrjährigen lokalen *»fund raising«* kommen, das ausschließlich und konzentriert dem Fluss vor der eigenen Haustüre zugute kommt. Die Spender/-innen würden »ihrer« Vils damit nicht nur nachhaltig helfen und die Auswirkungen eigener Spendengelder direkt erleben können, sondern auch langfristig sorgende, wachsame Anwälte sein und eventuellen künftigen Schaden erfolgreich fernhalten. Eine saubere, lebendige, fließende, naturnahe, an vielen Stellen frei pendelnde und ökologisch (wieder) intakte Vils würde den rund 157 000 Einwohnern des Einzugsgebiets auch im wahrsten Sinn des Wortes noch mehr »wert« sein.

Starker Frost kann im Winter phantastische Eisgebilde am Ufer zaubern.

Impressum

Herausgeber & Redaktion
WW (Deutschland) GmbH
Claudia Braun, Amelie Epping, Claudia Thienel

Rezepte & Realisierung
Geschmackswerk UG
Nathalie Döscher, Silke Höpker

Fotografie & Styling
Hubertus Schüler, Benedikt Obermeier,
WW International

Foodstyling
Stefan Mungenast, WW International

Bildnachweise
WW International, Getty Images,
Niehaus Knüwer and friends GmbH Werbeagentur

Gestaltungskonzept & Grafik
Niehaus Knüwer and friends GmbH Werbeagentur
Geschmackswerk UG, Petra Penker

Druck
paffrath print & medien GmbH

WW (Deutschland) GmbH
ww.com
ww-gesundekueche.de
Info-Hotline 0211 3687 4236
ISBN 978-3-9822975-0-7

1. Auflage 2021
WW Logo, SmartPoints, Points, ZeroPoint, *meinWW*+ und
WW Healthy Kitchen sind eingetragene Marken von
WW International, Inc.
© 2021 WW International, Inc.
Alle Rechte vorbehalten.
Der Nachdruck sowie die Verbreitung, auch auszugsweise,
in jeder Form oder Weise dieses Buchs ist nur mit vorheriger
schriftlicher Genehmigung des Herausgebers erlaubt.

Pikant & scharf

Bohnen- Paprika-Chili mit Reis	70
Erdnuss-Hähnchen mit Reis, cremiges	21
Garnelentacos mit Gurkensalsa	51
Gulasch-Bohnen-Eintopf, scharfer	22
Piri-Piri-Kabeljau, gebackener	52
Tomaten-Auberginen-Focaccia, scharfe	85
Wokgemüse mit gerösteten Cashewnüssen	82

Pizza, Brot, Wraps & Co.

Garnelentacos mit Gurkensalsa	51
Grilled Cheese Deluxe mit Thunfisch	56
Linsen-Halloumi-Wrap	66
Matjes und Rote Bete auf Brot	59
Naan-Pizza mit Curryhähnchen	41
Parmesan-Schnitzel-Burger mit Grillzucchini	14
Pitataschen mit Rührei, griechische	86
Rote-Bete-Quiche mit Steak	38
Tomaten-Auberginen-Focaccia, scharfe	85

Reis & Bulgur

Bohnen-Paprika-Chili mit Reis	70
Bulgursalat mit Thunfisch und grünen Bohnen	60
Erdnuss-Hähnchen mit Reis, cremiges	21
Hähnchen-Spinat-Pfanne mit Reis	34

Rind, Kalb & Tatar

Dönerteller, schneller	17
Gulasch-Bohnen-Eintopf, scharfer	22
Rote-Bete-Quiche mit Steak	38
Steak-Kartoffel-Salat mit Honig-Senf-Dressing	30
Tatar-Kokos-Suppe mit Sobanudeln	37

Schwein & Schinken

BBQ-Schweinefilet auf Gemüse, gefülltes	29
Bratkartoffeln mit Tomaten und Ei	45
Carbonara, einfache	26
Currywurst auf Kartoffelstampf	33
Parmesan-Schnitzel-Burger mit Grillzucchini	14
Ramen mit Schweinefilet, schnelle	42

Vegan

Allround-Gewürz, zitroniges	11
Apfelplätzchen, vegane	98
BBQ-Rub, rauchiger	10
Bohnen-Paprika-Chili mit Reis	70
Chili-Rub, feuriger	10
Kräutersalz, würziges	11
Tomaten-Auberginen-Focaccia, scharfe	85
Wokgemüse mit gerösteten Cashewnüssen	82

Vegetarisch

Caprese-Kartoffel-Rösti	81
Haselnuss-Vanille-Küchlein	102
Himbeer-Schoko-Oats	97
Käsespätzle mit Gurkensalat	78
Kaffee-Pfannkuchen mit Eis und Beeren	105
Kirschquark mit weißer Schokolade	90
Linsen-Halloumi-Wrap	66
Mandelgrießbrei mit Mangokompott	101
Pflaumen-Blitzpizza, süße	94
Pitataschen mit Rührei, griechische	86
Schoko-Skyr-Bowl mit gepufftem Dinkel	93
Schupfnudel-Spargel-Pfanne mit Ei	74
Tagliatelle mit Tomaten, cremige	69
Tomaten-Linsen-Suppe mit Joghurt	77
Tortellinigratin mit Broccoli und Pilzsauce	73